C. S. Lewis.

切今之事
PRESENT
CONCERNS

【英】C.S. 路易斯 著　邓军海 译注　叶达 校

华东师范大学出版社

华东师范大学出版社六点分社 策划

谨以此译献给父亲一样的老师

陈进波先生

目 录

代译序：那些读路易斯的日子　杨　伯 / 1
译文说明 / 1

1　骑士品质之必要 / 1
2　论平等 / 10
3　论三种人 / 21
4　我的小学生活 / 25
5　英语是否前景堪忧？/ 33
6　论民主教育 / 45

7 记梦 / *55*

8 毕林普恐惧症 / *61*

9 大兵贝茨 / *69*

10 快乐哲学 / *77*

11 要是没了自命清高 / *88*

12 现代人及其思想范畴 / *97*

13 自行车对话录 / *109*

14 生活在核弹时代 / *119*

15 空荡荡的宇宙 / *133*

16 正经与语文 / *148*

17 谈谈牛津剑桥 / *156*

18 史学岂是废话 / *170*

19 文学中的性 / *180*

译后记 / *188*

答谢 / *203*

代译序:那些读路易斯的日子

杨 伯

一

大约2013年夏天,军海兄郑重向我推荐一本书:C. S. 路易斯的《返璞归真》(汪咏梅译,华东师范大学出版社2007年版)。

在我所服务的大学里,军海兄是少数几位房子、车子、工资、职称、项目之外还可以聊聊的朋友。少数几位朋友中,军海兄最认真,最不幽默。我是指作为聊天佐料的那种幽默。军海兄很少聊天,所以无需幽默。他开口,就是要和你讨论。他荐书,我不敢敷衍,因为几天之后等着我的,肯定是毫不幽默的追问和争论。

此前,我对路易斯所知甚少:他是《纳尼亚传奇》的作者;他有一段传奇的婚恋,电视台还播过以此为题的电影;他有一本名为《文艺评论的实验》的小册子,写论文时匆匆翻过,不得要领;再有,他是虔敬的基督徒,是一位辩才无碍的卫道士。

童年时代,我接受了中国式无神论教育。成年以后,我接受了中国式学院训练。对宗教,我能摆出的最"通达"的态度,只是把它视为"历史现象"。我的史学训练教给我一套熟练的技巧,让我把所有关乎信仰的言说解释为人面对世界的生存策略。带着这套思维惯性,我读了不少宗教经典,也研究过几位宗教人物,尽量保持"客观"的同时,嘴角从没放下那丝学者的窃笑。翻开《返璞归真》,我也准备了全副工具,好在掩卷之日向军海兄剖解一番,嘲讽一通。

已经忘了被路易斯缴械是在哪章哪页。真正终篇,我才意识到,刚刚经历了一次此生少有的阅读体验。路易斯有一种纯粹的力量,让我忘掉所谓的学术视角,让我再无余力去对旁人施与"理解之同情",让我不甚情愿地面对"我的问题"。《返璞归真》没有使我归信,却给我震撼。震撼的由来,我想在稍后略作分析。2013年那个夏天,我没有办法形容它,为了回应军海兄,我想出了个空洞又矫情的词充当读后感:一片澄明。

二

《返璞归真》之后,我又读了《纳尼亚传奇》、《魔鬼家书》(况志琼、李安琴译,华东师范大学出版社2010年版)、《四种爱》(王鹏译,外语教学与研究出版社2010年版),还和军海兄组织了关于《四种爱》的读书会。

这时,路易斯于我,已经是一位重要作者。所谓"重要作者",是令我长时间心存感激的那类人物。经过学院训练,又身处学院生态,对我而言,"感激"早已成了稀缺情感。学院里的硬通货,永远是"研究"。我无力研究,更不敢研究,只想带着眩晕在路易斯的世界里多走走多停停。路易斯的世界,始终有一个上帝。使我眩晕的不是上帝,是上帝照临之下的人、人的生活、人的情感。即便是在《魔鬼家书》这样异想天开的作品里,路易斯写的也是普通人,或者说,我的邻人。正是这样的人,让我感到陌生和眩晕。不是因为他们与我不同,而是因为他们和我一样。路易斯教我用一种全新的目光看我自己。他的世界之外,我是完整的,至少是稳定的。我熟练地走着我的路,努力取悦同路人,清风拂面,还会熏熏然赞叹一下自己这个好人。走进路易斯的世界,还是原来的我,完整、稳定、熟练的一切瞬间凌乱。在那里,问题的核心,不是我在我的眼中如何、我在邻人眼中如何,而是我首先活在上帝眼中。

读路易斯,是乐事,也危险。他指引的世界,我无力拒绝,却又不知在此世界深处等我的,是灭顶,还是重生。幸好,有太多事可以分心。我的专业,是中国古代文学;当时的兴趣所在,则是政治,当代中国政治。为了理解中国,当代中国,我贪婪地读政治学、近代史。当然,也刷微博,硬着头皮看,欲罢不能地刷。在我的阅读视野里,启蒙和现代化,是最高级的词汇。无论在客厅还是讲台,提到它们,我总能燃起"革命者"的热情。我的世界里,它们才是问题的核心。

路易斯,当然无从解答中国问题,《返璞归真》、《四种爱》更与政治无涉。所以,我只把这位重要作者的书当成重要的消遣。而那段时间,我还会偶尔从军海兄那里听到关于路易斯的消息:他找到了各种路易斯译本,他打印了路易斯原著,他挖出了路易斯的网站……直到有一天,他说,打算动手翻译路易斯。

三

2013年末尾,军海兄动了翻译之念,紧接着,便与我分享了很多译文片段。这是一些让我震惊的片段。在我心目中,路易斯是牛津的文学大师。这些片段显示,他还对现代政治、政治哲学、政治思潮极为敏感。更重要的是,路易斯是以我绝对陌生的方式谈论现代和现代政治。作为政治学的热心读者,我不曾听到过与之相似的语调。

我知道,谈政治的路易斯和谈信仰的路易斯是一个人,却又无法理清两者之间的关联。于是,我决定重读路易斯。这次,读他的书,不是消遣,是挑战。

重要转折,是《裸颜》(曾珍珍译,华东师范大学出版社2008年版)和《空间三部曲》(马爱农等译,译林出版社2011年版),特别是《裸颜》。这是路易斯的两部幻想小说。我从中感受到的,是思想的冲击。我知道,路易斯嘲笑过那些把小说当"生活评论"、"思想评论"的读者(见《文艺评论的实验》第7章)。可我还是想谈谈这次"误读"给我的启示。

《裸颜》和《空间三部曲》都是关于信仰的故事。前者讲圣灵降临之前,人的痛苦求索。后者讲信仰的现代危机,应该说,信仰者的现代危机。愿路易斯原谅,我从里面读出了两部激荡人心的思想史。

《裸颜》里,大祭司似乎是独断论者的象征,他坚信,深山之中有一个活生生的神。女主角的希腊教师狐,则是怀疑论的代表,他用熟练的人文话语拆解大祭司的神。我所习惯的思想史叙述,是后者战胜前者的叙述,是把后者等同于文明之方向的叙述。《裸颜》当中,路易斯让狐充当主人公的老师,却又意味深长地让冥府中的狐重新思考大祭司那双盲目背后的心灵。小说的两位女主人公,实则同时是大祭司和狐的弟子,她们共同走出了关于信仰的至关重要的一步。这一步,大祭司和狐,都无从想象。

《空间三部曲》里,有好多奇幻想象。我带着愧疚草草略过,流连再三的,是福音与现代伪福音的殊死搏斗。小说里,现代伪福音有诸多变形:生命哲学、超人哲学、科学主义的狂热、社会规划师的僭越,以及现代学院里的陋儒。诸如此类的学说,我曾经虔敬地研读;诸如此类的人物,我曾经带着信任追随;诸如此类的群体,我曾经满怀热情地加入。路易斯上天入地的星球大战,让我猛醒:原先以为真实不欺的现代世界(主要指思想世界),可能只是横看成岭侧成峰的庐山一隅。

我无意在这里提交《裸颜》和《空间三部曲》的阅读报告。我想说的是,这两部书,成了我进一步理解路易斯的契机。当我谈《裸颜》时,用了"独断论"和"怀疑论"两个词。熟悉哲学史的朋友,自然会由它们联想到康德的《纯粹理性批判》。康德的工作,正是要在独断论、怀疑论之后,重新清理人类关于知识的知识。而这一工作的终极宏愿,是使人们以正确的方式谈论自由、不死、上帝。

没错,当我再次研读路易斯时,首先想到的,是康德。这样说,绝非暗示路易斯是现代康德。此类标签,同时亵渎了两位先贤。用一个较为私人的表述:在我的精神史里,路易斯发挥了和康德相近的影响。康德试图把人类心智从独断论和怀疑论中拯救出来。他的工具,是"纯粹理性批判"。这个术语,有三种用法:理性发起的批判,针对理性的批判,理性的自我批判。三种工作联合起来,目的是为人类的知识能力列一份详尽的清单,使人类明确:我可以知道什么,我绝对不可以知道什么。这样一来,既为人类理性规定了义务,也为人类理性划定了疆界。18世纪的康德,已经在忧心人类理性的僭越。

路易斯面对上帝的方式,必然不同于康德。我不知道康德提到上帝的时候是否带有一丝情感。我肯定,路易斯爱着他的上帝。路易斯和康德的相通之处,是忧心人类的僭越,尤其是理性的僭越。他们的解忧方式也相似,那就是尽可能地划定人类理性的疆界(对路易斯,还有情感的疆界)。对他们而言,人类能够知道什么、绝对不能知道什么,是精神生活的头等大事。康德意识到人类不知以为知的危险。路易斯则见识了人类不知以为知的灾难。路易斯时时刻刻谈论上帝。但是当他谈论上帝时,无处不是在提醒人类:或许,你已经越过了自己的疆界。人类的越界,有时是借助上帝,有时,借助上帝的死。现代人类,后者居多。

我终于回到了我的出发点。说了这么多,我只想谈一件事:讲述信仰的路易斯和议论时政的路易斯,是一个人。两者之间的纽带,是对人类僭越的忧心。

四

上面的话,只是我独自阅读的一点悬想。最近的这个寒假,军海兄不断和我分享译稿,这让我觉得,悬想似乎不甚离谱。

两部较为完整的译稿,是《人之废》和《切今之事》。这两部小册子,都是路易斯与现代人对话。前者,是与现代思潮和现代哲学家论辩;后者的听众,或许是更为日常的现代智识阶层——那些读报的人。这两类人,都对自己的僭越习焉不察,甚至自以为是。现代哲学家,包括他们的前辈,共同把"现代"推上神坛,让这个平凡的时态成为举世膜拜的偶像。现代的报纸读者,正是膜拜现代的主力。不仅如此,他们还把现代人的成就当成唯一真实的成就,把现代人的苦恼当成唯一重要的苦恼。正是这样的现代人,把偶然生活于此的角落当成整个世界,又把自己当成整个世界的主人。继而,彼此平等的主人们,又不得不为自己造出新的神。《人之废》和《切今之事》,路易斯要做的,正是为"现代"这位新偶像划定疆界,为"现代人"这位新神划定疆界。

我没资格全面介绍这两部书的内容,这个任务应该留给军海兄。我只是想表达一下身为"第一个读者"的喜乐。读完《人之废》和《切今之事》,路易斯于我,已经不是"重要作者",而是少数的几块"思想基石"之一。"思想基石"的意思是,它帮我走进新的世界,或者,帮我用全新的目光看待原来的世界。比如,重新审视那个钟情于"启蒙"和"现代"的我。路易斯说,这些堂皇的现代大词,是药,不是道。

我的阅读史里,堪称"思想基石"的作者不多。康德当然是。总结康德的历史地位时,不少哲学史家喜欢说他开启了"哥白尼式的转向"。就其重要性而言,这个类比不为过。就其性质而言,则颇为不伦。因为,哥白尼帮人类跳出了地球中心,而康德则把全部工作建基于人类的理性,即便为理性立法,也是出于人类和理性的尊严和需要。而路易斯,恰恰忧心人类把自己当成全部。作为"现代"作家,他尤其担心现代人把偶然得来的现代当成全部。《切今之事》里有一篇《生活在核弹时代》,正是对路易斯式忧心的传神写照。读了这篇小品,我总觉得,《切今之事》应该翻译成《现代这件小事》才好。当然,只是突发奇想,不值得和军海兄讨论。

五

前文满纸"军海兄",其实,平时朋友们习惯喊他老邓。在现代同事眼里,老邓是狂人,因为越是面对现代意义的尊者,老邓越是口无遮拦。忘了哪一天,这位狂人告诉我,打算侍奉路易斯。他的系列译作,就是侍奉路易斯的基础工作。

老邓侍奉路易斯,我是最早最直接的受益者。希望更多的汉语读者受益于此。这篇文字,是我向路老和老邓的私人性致敬。

译文说明

1. 凡关键词,竭力统一译名;无其奈间一词两译,则附注说明。无关宏旨之概念,酌情意译;

2. 凡关键字句,均附英文原文,一则方便对勘,二则有夹注之效;

3. 凡路易斯所称引之著作,倘有中文译本,一般不再妄译;

4. 严几道先生尝言,迻译西文,当求信达雅。三者若不可兼得,取舍亦依此次第,先信,次达,再次雅;

5. 路易斯之文字,言近而旨远,本科生即能读通,专家

教授未必读透。拙译以本科生能读通为60分标准,以专家教授有动于心为80分标准;

6. 为疏通文意,亦为彰显路易斯之言近旨远,拙译在力所能及之处,添加译者附注。附注一则可省却读者翻检之劳,二则庶几可激发读者思考;

7. 凡译者附注,大致可分为四类:一为解释专名,一为疏解典故,一为拙译说明,一为互证对参。凡涉及专名之译注,均先查考《不列颠百科全书》(中国大百科全书出版社,1999)。不见于百科全书,则主要根据"维基百科";

8. 凡路易斯原注,均加【原注】之类字符予以说明。凡未加此类说明之脚注,均系译注;

9. 为方便阅读,拙译在每段段首,都添加【§1.开场。P1】之类字符。标示原文段落,段落大意及原书页码。段落大意系译者管见,仅供读者诸君参考;至于原文段落及页码,只是为了方便诸君查考原文,以斧正拙译;

10. 拙译每篇开首添加百十来字【译者按】,当初只为方便译者及校稿者把握大意,拟于定稿之时删去。但据阅读初稿的诸位朋友说,尚能为阅读提供几许方便。故不揣谫陋,定稿之时保留。虽未删,但仅供参考;

11. 老一辈翻译家迻译西文,大量作注,并添加提要或大意之类文字,颇有"导读"之效。拙译有心效法。倘若拙译之效法,颇类东施效颦,意在"导读"反成误导,则罪不在西施,罪在东施;

12. 路易斯之书,好读难懂,更是难译。凡拙译不妥以至错讹之处,敬请诸君指正。不敢妄称懂路易斯,但的确爱路易斯。故而,诸君斧正译文,乃是对译者之最大肯定。专用电邮:cslewis2014@163.com

1 骑士品质之必要[①]

The Necessity of Chivalry

【译者按】骑士品质乃一种理想。藉口理想之难于实现而否弃理想,乃因不懂理想之为理想。骑士品质这一理想,对人性有双重要求:温而厉,温到极点且厉到极点。骑士品质并非天性之"性",而是人为之"伪"。若舍却这一理想,人类历史只会服从丛林法则:一边是残暴的狼,一边是颤栗的羊。故而,理想虽不可行,但却切切实实。

[①] 《骑士品质之必要》乃路易斯之标题,刊于《时代与潮流》杂志(*Time and Tide*)第21卷(1940年8月17日)"随笔"(Notes on the Way)栏目,第841页。

【§1. 骑士品质是一种理想。P13】骑士品质(chivalry)一词,在不同时间,意味着不同事情:从重甲骑兵到火车上给女士让座,不一而足。然而,假如我们想理解骑士品质这一理想截然不同于其他理想——假如我们单独考察中世纪对我们文化的独特贡献,即对堂堂正正的人(man comme if faut)的特殊理解——那么,最好莫过于去看马罗礼的《亚瑟王之死》①中讲给所有假想骑士中最伟大的骑士的话。爱克托②爵爷对死去的朗世乐说:"在厅堂上陪着贵妇宴会的时候,您的态度最谦虚和蔼。应付不共戴天的仇敌,看您握着长矛在手,又是一位威风凛凛的骑士。"③

【§2. 这一理想之可贵之处在于对人性之双重要求。

---

① 《亚瑟王之死》(*Le Morte Darthur*,1485)是由马罗礼(Sir Thomas Maroly)1469年编写、柯克士顿1485年校印出版的一部传奇。拙译所有相关文字,均出自黄素封译《亚瑟王之死》(人民文学出版社,1960)。黄素封先生说:"它是早已传遍欧洲各国的英国亚瑟王及其圆桌骑士寻求'圣杯'的故事的一部文库,是英国文学中第一部小说,还有人认为是英国的一部散文史诗"。(黄素封《关于〈亚瑟王之死〉》)坊间有人认为,它是欧洲骑士文学中的一朵奇葩。在西方流传之广仅次于《圣经》和莎士比亚的作品。

② 爱克托骑士是郎世乐骑士的弟弟。

③ 【原注】托马斯·马罗礼:《亚瑟王之死》(1485),第21卷12回。
【译注】查黄素封中译本《亚瑟王之死》,这段文字见于第21卷第13回。疑原编者加注时笔误。

P13】这一理想的重点当然在于,它对人性的双重要求。骑士是铁血男人,对头破血流和断臂残肢习以为常;同时他又几乎如淑女一般,是个举止端庄的座上客,温文尔雅,一点也不唐突。他并非凶猛与温和之调和或中道(happy mean),他是凶猛至极又温和至极①。当郎世乐听到称他为最伟大的骑士时,"感动得两行热泪,好像一个才挨过打的孩子似的"。②

【§3. 这一理想并不可行,但却切实。P13】这一理想与现代世界有何相关?你或许会问。它极度相关。它不一定可行(practicable)——中世纪因不能遵守而臭名昭著;但它的确切实(practical),恰如沙漠行人要么找到水、要么渴死一般切实。

---

① 原文为"He is fierce to the *n*th and meek to the *n*th"。路易斯喜欢引用的帕斯卡尔《思想录》第353则,可与此意相参证:

我决不赞美一种德行过度,例如勇敢过度,除非我同时也能看到相反的德行过度,就像在伊巴米农达斯的身上那样既有极端的勇敢又有极端的仁慈。因为否则的话,那就不会是提高,那就会是堕落。我们不会把自己的伟大表现为走一个极端,而是同时触及到两端并且充满两端之间的全部。然而,也许从这一个极端到另一个极端只不外是灵魂的一次突然运动,而事实上它却总是只在某一个点上,就像火把那样。即使如此,但它至少显示了灵魂的活跃性,假如它并没有显示灵魂的广度的话。(何兆武译,商务印书馆,1985)

② 【原注】《亚瑟王之死》第19卷第5回。

【§4. 骑士品质与自然天生的英雄主义。P14】我们必须清楚,这一理想是个悖论(paradox)。由于成长于骑士传统的废墟之中,我们绝大多数人都在小时候接受教导说,那恃强凌弱之徒往往是个懦夫。我们在学校的第一周,就戳穿了这一谎言,也连带戳穿了它的推论:真正勇武之人往往是个君子。它是一个恶性谎言,因为它错失中世纪对人性要求之新异(novelty)与原创(originality)。更糟糕的是,它把原本之人类理想,表述为自然事实。那一理想,没有地方能够完全达致。即便差可近之,亦非有严苛规矩不可。历史和经验也戳穿了这一谎言。荷马的阿喀琉斯,丝毫不知这一要求,即英勇之人应当同时谦和且仁慈。他要么在人们向他苦苦哀求之时,当场杀了他们;要么将他们关进囚牢,随意处死。传说故事中的英雄也对此一无所知。他们"严厉打击"(stern to inflict),恰如他们"顽强承受"(stubborn to endure)。[①] 匈奴王有恶狠狠地转动眼珠的习惯,好似想享受他所激起的恐惧。即便罗马人,当英勇的敌人落

---

① "stern to inflict and stubborn to endure"一语,出自骚塞(Robert Southey)《致科特尔》(*To A. S. Cottle*)一诗第13行。该诗暂未找到中译文,故而草率直译。

在他们手上,就带他们游街示众,示众结束,则将他们杀死于牢房。在学校里,我们发现那十五好汉,正好是又吵又闹、妄自尊大、傲慢专横的恃强凌弱之徒。在上次战争里,那些"风光无限"的人,在和平年代除了达特姆尔监狱①外,我们很难给他找到一个容身之处。这是自然天生(by nature)的英雄主义——骑士传统之外的英雄主义。

【§5. 理想因其悖论才成其为理想。P14】中世纪理想,让两个没有任何自然趋势相互吸引的东西联姻。也正是因为这个,它才让它们联姻。它教训伟大勇士要谦卑且克制,是因为任何人凭经验得知,他是多么地需要这种教训。它要温文尔雅之人勇武,是因为任何人都知道,他多半会成为窝囊废。

【§6. 有此理想高悬,尘世方有希望。P14—15】这样做,中世纪就给尘世保留了一线希望。千百人中,可能不一定培养出一个人,具备郎世乐性格之两面。然而,要是全无可能,那么任何关于人类社会中永久福祉或尊严的谈论,都是镜花水月(pure moonshine)。

---

① 达特姆尔监狱(Dartmoor),位于英国德文郡,因1812年关押美国战俘而闻名。

【§7. 无此理想，历史服从丛林法则。骑士，非自然，乃人力。P15】假如我们培养不出一个郎世乐，那么人性（humanity）就裂为两半——一半能应对鲜血和铁甲但却不能在"厅堂上谦虚和蔼"；另一半"厅堂上谦虚和蔼"，在战场却是废物——至于第三类，和平时期凶残战争时期怯懦，就无需在此讨论了。当郎世乐之两面分崩离析之时，历史就变得出奇地单调。近东古代史就像这样。雄壮的野蛮人从高原蜂拥而下，劫掠文明。而后他们自身被"文"化，变得温软。而后又有新的野蛮人蜂拥而下，劫掠他们。于是又开始了另一轮循环。现代机械不会改变这一循环。它只能使同样事情在更大规模发生。说实话，不会有其他事情发生，假如严厉（stern）与温顺（meek）成为相互排斥之两端。而且永远不要忘记，这是它们的自然状态。那个结合了两种性格的人——骑士——并非自然之作（work of nature），而是工艺之作（work of art）。只不过此工艺之媒介乃人类，而不是画布或大理石。

【§8. 现代人缘何难以理解骑士。P15—16】当今世界有一个"自由"或"启蒙"传统，这一传统把人性中好斗的一面看作是纯粹的、返祖的恶，又讥嘲骑士情怀是战争"魅惑"的一部分。也有一个新英雄传统,它讥嘲骑士感情是文弱的多愁善感,可以借助"现代改造"使之从坟茔(坟茔浅且不大平静!)里起死回生,变成阿喀琉斯的前基督式残酷。在我们亲爱的吉卜林①笔下,他所钟爱的中尉的英雄品质,已经惊险地脱离了温顺与文雅。人们简直难以想象,成年的斯托基(Stalkey)能与纳尔逊(Nelson)②帐下最杰出的上尉同处一室,更不用说锡德尼(Sidney)了!③ 当今世界这两种趋势,给尘世编织裹尸布。

【§9. 中世纪传统在现代尚未死绝。P16】幸运的是,我们的生活强于我们所写,亦强于我们所应得(deserve)。郎世乐并非不可再得。对于我们一些人来说,这次大战带来了一个惊喜,我们发现在20年之久的犬儒主义和鸡尾酒

---

① 吉卜林(Joseph Rudyard Kipling,1865—1936),英国小说家,诗人。他以颂扬英帝国主义、创作描述驻扎在印度的英国士兵的故事和诗、撰写儿童故事而闻名。十九世纪与二十世纪之交,名噪一时。1907年获诺贝尔文学奖。由于被普遍视为帝国主义侵略分子,在第一次世界大战之后,声名渐衰。(参《不列颠百科全书》第9卷282页)

② 应指英国海军统帅纳尔逊(Horatio Nelson,1758—1805)。他曾和大革命时期的拿破仑多次作战,在尼罗河海战(1798)和特拉法尔加海战(1805)两大关键战役中击败拿破仑。在后一战役中,中弹身亡。(参《不列颠百科全书》第12卷57页)

③ 由上下文来看,锡德尼(Sidney)与斯托基(Stalkey)疑为吉卜林笔下的两个人物。

会之后,英雄品德在年轻一代身上依然完好无损,而且随时准备响应召唤。然而与此"严厉"(sternness)相伴,有很多"温顺"(meekness)。就我所知,与1915年的榜样相比,皇家空军(R. A. F.)里的年轻飞行员(我们还活着须时时感谢他们)之文雅与谦和,是有过之而无不及。

【§10. 中世纪传统有助于逃出现代囚牢。P16】简言之,中世纪开创的传统依然活着。然而这一生命之维系,部分依赖于我们知道,骑士品格乃工艺(art)而非自然(nature)——乃需力致之事,而非坐等之事。① 当我们变得更加民主之时,这一知识就尤为必要。在此前的世纪里,骑士品质之遗迹由特殊阶层加以保全。部分藉由模仿,部分藉由政治高压,这些品质从他们身上散布到其他阶层。而今看上去,人民要么藉自本自根(on ones own resources)而具骑士品质,要么则于凶蛮(brutality)和柔弱(softness)之间二择一。这着实是一个无阶层社会(a classless society)的普遍问题的一部分,却很少有人提及。其道德风尚(*ethos*)将会是所有阶级精华之综合,抑或将是聚所有糟粕之污池?

---

① 原文为 something that needs to be achieved, not something that can be relied on to happen,译文系意译。

对于一篇小文之末尾来说,这一话题过于重大。我的论题只是骑士品质。我已经努力说明,这一古老传统切实(practical)而且紧要(vital)。郎世乐所体现的理想是"逃避主义"(escapism),只不过是那些用此词的人所未梦见的逃避主义。当世界分为两半,一半是不解人意的狼,一半是难以自守的羊,这时它提供了唯一的逃脱之路,提供了使生命值得一过的东西。诚然,上世纪有传言说,狼将因某种自然进程而逐渐灭绝。但这看起来是夸大其词。

2 论平等[①]

Equality

【译者按】平等是药,而不是粮。平等之所以是善,是因为我们病了;恰如衣着之所以是善,是因为我们不再纯真。现代民主社会的一大危险就是,平等会溢出社会政治领域,上升为普遍原则:药变为粮,民主政治变为民主主义,次优选择摇身变为至善。当此之时,民主政治岌岌可危。避免这一危险,则需为民主、平等划定义域,不让其侵入属灵生活。恰如衣物之下,我们应保全肉身;属世生活里的平

[①] 《论平等》,原刊于《旁观者》杂志(Spectator)第171卷(1943年8月27日),第172页。

等外衣之下,亦应保全属灵之尊卑有等。如此,方可保全民主政治。

【§1. 民主制之理论基础,乃人之堕落。P17】我之所以是民主派(democrat),①因为我相信人之堕落(the Fall of Man)。② 我认为,绝大多数人之所以是民主派,乃出于相反理由。绝大部分民主热情来自卢梭之辈的看法。他们相信民主,是因为他们认为人类如此明智如此良善(wise and good),故而统御(the government)应有他们的份额。以此为根据捍卫民主,其危险在于,这些理论基础并不对。一旦其弱点暴露,就有喜好专制的人坐收渔翁之利。只需反观自身,我就可以发现它们不对。统御鸡舍,我并无份额,遑论国家。同理,绝大多数人——所有听信广告、用标语思考以及传布流言的人——也无份额。民主之真正理由恰好相反。人类是如此堕落,以至于不能将凌

---

① 一位不知名的美国学者强调指出,C. S. 路易斯在英国生活、写作。他用"being a Democrat"一词,与美国的"民主党"(Democratic Party)无涉。

② 关于现代民主政治与基督教原罪教义之血肉关系,张灏先生的《幽暗意识与民主传统》一文,有更为详尽的论析。

驾于同胞之上的不受约制的权力①托付(trusted with)给任何人。亚里士多德说,一些人更适合于做奴隶。② 我和他并不矛盾。只是我拒斥奴隶制,因为我看到,没有人适合于做主子。

【§2. 平等像药石或衣物,之所以善,是因为我们堕落。P17—18】这就引出了一种平等观,与我们耳濡目染的平等观不同。我并不认为平等属于诸如智慧(wisdom)或幸福(happiness)之类事物,它们自在又自为地③就是善。我认为,它跟药石同属一类。药石之所以是善,是因为我们病了。或者像衣服,它之所以是善,是因为我们不再纯真(innocent)。我并不认为,古时国王、教士、丈夫或父亲之权威,古时臣民、平信徒、妻子及儿子之顺从,本身就降低人格

---

① 原文为"unchecked power over his fellows"。译为无上权力,更符合汉语表述习惯。但这样会让我们忽视"不受约制"和"同胞"。故而,选择直译。

② 这里指的是亚里士多德的著名的"天然奴隶"说。亚里士多德《政治学》(吴寿彭译,商务印书馆,1965)第3卷1279a:"关于通常所说的各种统治,大家不难辨别……主人对于奴仆的统治就是其中的一个种类;这里自由主人和天然奴隶两者的结合的确可以互利,但主人执掌统治权力时,总是尽多地注意着自己的利益,即使有时也考虑到奴隶的利益,那是因为奴隶如果死灭,主人的利益也就跟着消失了。"

③ 原文为"in themselves and for their own sakes",直译应为"就其本身且因其自身",为求简洁,意译为"自在又自为"。

或邪恶。我想,它就像亚当夏娃之赤身露体一样,内在地(intrinsically)善,内在地美。它之所以被取缔,是因为人变坏,从而滥用它。现在试图重新恢复它,所犯错误与裸体主义者①毫无二致。医治这一堕落(the Fall),防止弱肉强食,法律及经济平等是绝对必须的一剂良药。②

【§3. 区分药和粮。P18】然而药石并非善。单调的平等(flat equality)之中,并无属灵食粮。约略体认到这一事实,就会使得大多数政治宣传听起来很是单薄。一些事物仅仅是好的生活的否定性条件,我们却试图为它而发狂。

---

① 裸体主义(nudism,又译天体主义),以健康、舒适以至天性为名,不穿衣服便外出的一种行为方式。常是一种男女都参加的社交活动,届时两性自由接触,但不从事性活动。裸体主义 20 世纪初诞生于德国,第一次世界大战后传遍欧洲,30 年代传入北美。实行裸体主义的成员都是成人,其心理都是健康的。但是,裸体主义对儿童的影响,则是心理学上聚讼纷纭的一个课题。(参《不列颠百科全书》第 12 卷 272 页)

② 路易斯之平等观,可能与我们所耳濡目染的平等观大不相同。其核心意旨就是,平等是药,而非食粮。关于这一点,路易斯的《黑暗之劫》(杜冬冬译,译林出版社,2011)中,有专门之对谈。兹摘录几句,以供参考:"我们所有人都必须有平等的权利,不被他人的贪婪所伤害,因为我们已经堕落了。我们之所以穿衣服,也是同样的原因。但是衣服之下,还是赤裸的身体,等到我们解脱肉体的那一天,这身体也会一样弃置委地。平等并非最深刻的原则,你知道的。"(第 150 页)"法律平等,收入平等——这都很好。平等护佑生命;而不是创造生命。平等是药石,而非食物。"(第 150 页)

这就解释了，无论在关于忠贞爱情的浪漫电影或在纳粹意识形态的粗暴宣传之中，只要诉诸人对不平等的渴求（the craving for inequality），民众想象力为什么那么易遭俘获。撒旦往往在我们自己价值体系真正薄弱处发力：为我们某些濒临饿死的需求，提供食物。

【§4. 平等一旦被视为理想，民主就会退化为民主主义。P18】一旦平等不再被视为药石或安全阀，而是被视为理想，我们就开始哺育那类下愚且好妒（stunted and envious）的心灵，它憎恨一切卓越（all superiority）。这种心灵是民主的特有疾病，正如残酷及奴性是特权社会的特有疾病。假如任其发展，它将置我们于死地。① 谁人一方面无法想见一种喜乐而又忠诚的顺从，另一方面又无法从容大方地接受这一顺从——谁人从未想去屈膝或弯腰——谁就是个地道的蛮夷（barbarian）。然而在法律或其他外在层

---

① 路易斯严"民主政治"与"民主主义"之分界。他指出，"民主"（democracy）一词，严格说来只是指一种政治制度，或更严格地说只是指选举制度。魔鬼引诱现代人的一个策略就是，让"民主"成为一种口号或口头禅，成为民主主义或民主精神。在路易斯看来，民主溢出政治领域，进入生活的各个领域，后果将是灾难性的。关于此，详见况志琼、李安琴译《魔鬼家书》（华东师范大学出版社，2010）之附录〈私酷鬼致祝酒辞〉。

面,复辟这些古老的不平等,奸而且蠢。它们的合适场所在别处。

【§5. 法律平等这一外衣之下,亦应保全属灵的不平等。P18—19】堕落(the Fall)之后,我们必须穿衣。可是,在衣服里面,在弥尔顿所谓"烦累的衣饰"①下面,我们要使赤裸肉身(也即真实肉身)得以保全。在合适场合,我们要它展露:在婚房,在公共澡堂,当然还有医疗或急救之需。同理,在法律平等这一必要外衣之下,我们要加以保全的是,我们内心深处乐于接受的属灵的不平等(spiritual inequalities),所演奏的主从相和的乐舞。② 我们作为基督徒

---

① 【原注】约翰·弥尔顿《失乐园》(1667)卷四第740行。
【译注】朱维之中译本《失乐园》(上海译文出版社,1984)卷四第736—746行描写未堕落之前的亚当夏娃:"这样说时,二人同心合意,/只有神所嘉惠的诚心敬虔,/此外没有其他任何仪式,/便携手进入庐舍的内室,/用不着解脱我们这样烦累的衣饰,/便直上床,并头儿就寝。我料想,/亚当不会转身背对娇妻,夏娃也不会拒绝夫妻的爱,/神秘的仪式,这是神宣布纯洁的,/任大众行而不禁,不能诽谤/说什么淫秽。"

② 原文为 whole hierarchical dance and harmony of our deep and joyously accepted spiritual inequalities,译文系意译。

这是路易斯的一个颇为经典的比方。他在《黑暗之劫》(杜冬冬译,译林出版社,2011)所写的这一画面,可有助于我们理解:"人类要打扫面包屑;老鼠则急不可待要来干掉面包屑。这永远不应成为斗争的原因。可你看,顺从和秩序,更像舞蹈,而不是操练——男女之间的地位总是变化不停,就更是符合此道理了。"(第152页)

的生命里有它——在那里,我们作为平信徒,才会顺从——更是因为教士之权威不在政治层面。我们与父母及老师的关系里有它——更是因为它现在是一种心甘情愿而又不折不扣的属灵的"敬"①。婚姻里也应有它。

【§6. 好斗的平等观,会使婚姻搁浅。P19】最后一点还需再做疏解。在过去,人类如此滥用夫权,以至于对所有妻子而言,平等有以理想面孔出现的危险。内欧米·密歇森女士②曾切中肯綮:在婚姻法里,只要你乐意,就尽可能拥有平等,越多越好,但是在某些层面容许不平等甚至乐于不平等,乃情爱之必需(erotic necessity)。密歇森女士说,有些女人受好斗的(defiant)平等观念哺育,以至于被男性拥抱的那种感觉也会激起反感。婚姻因此而遭遇海难。③

---

① 原文为"a willed and wholly spiritual reverence"。译文系直译。关于这种属灵的不平等所带来的"乐和同礼别异",陀思妥耶夫斯基的《卡拉马佐夫兄弟》(徐振亚、冯增义译,浙江文艺出版社,1996)中,科利亚对阿廖沙的一段话可资为证:"乌拉!您是先知!啊,我们会合得来的,卡拉马佐夫。您知道吗,最使我赞赏的就是您对我的态度完全平等。而实际上我们不是平等的,不,我们不是平等的,您比我高尚!但我们一定合得来。"(第672—673页)

② 内欧米·密歇森(Naomi Mitchison,1897—1999),苏格兰小说家,诗人。(参英文维基百科)

③ 【原注】Naomi Mitchison, *The Home and a Changing Civilization* (London, 1934), Chapter I, pp. 49—50.

这正是现代女人的悲喜剧:受弗洛伊德教诲,视情爱为生命头等大事;两情相悦端赖于内在臣服(internal surrender),但女性主义却不容许。无需走得更远,即便仅仅为了她自身的鱼水之欢,女人这边某种程度的顺从和谦卑,看起来实属必要,也当属必要。①

【§7. 情爱不等于友爱。P19—20】这种错误也表现为,将所有亲情(affection)②都同化为我们所说的友爱(friendship)。友爱的确隐含着平等。但是它与同处一室的各种爱很不相同。友人并不相互耽溺。友爱发源于我们共同做事——作画、泛舟、祈祷、哲思、并肩战斗。友人注视

---

① C. S. 路易斯《黑暗之劫》(杜冬冬译,译林出版社,2011):"你并不是因为失去了爱而不愿顺从,却因为从来都不打算顺从,而失去了爱"(第150页);"两情相娱中不能缺少顺从或谦逊"(第151页)。

② C. S. 路易斯沿袭古希腊对于爱的传统分类,在《四种爱》一书中分别讨论了 affection,friendship,eros 和 charity。

汪咏梅译《四种爱》(华东师范大学出版社,2007)一书,分别译为"情爱"、"友爱"、"爱情"、"仁爱";王鹏译本(外语教学与研究出版社,2010)则分别译为"慈爱"、"友爱"、"情爱"和"仁爱"。台湾梁永安译本(立绪文化事业有限公司,1999)则译为"亲爱"、"友爱"、"情爱"和"大爱"。

其中译名分歧最大者为 affection。汪译为"情爱",易与 eros 相混;王译"慈爱",易与 charity 相混。译名之中,以梁永安译为"亲爱"为最佳,因为 affection 在《四种爱》一书中本指亲情,指"依恋、亲爱之情"。

在本文之上下文中,affection 一词,似指所有形式的家庭之爱,其中包括《四种爱》一书中的"亲爱"与"情爱",故而,在此译为"亲情"。

同一方向。爱人则相互注视,也即相反方向。① 将属于这一关系的东西,悉数移植到另一种,太蠢笨。②

【§8. 不准崇敬国王,人就崇敬明星、军人。P20】我们英人应当庆幸,我们已经谋求到很大的法律民主(我们依然需要更多的经济民主),却并未失却君臣之仪。因为在我们的生活当中,正是这一点满足了我们对不平等的渴求(the craving for inequality),也永远在提醒我们,药物并非食粮。因此,一个人对君主制(Monarchy)的反应,是种测试(test)。君主制很容易被"拆穿"(debunked)。③ 但注意看他们的表

---

① 原文为"Friends look in the same direction. Lovers look at each other—that is, in opposite directions."路易斯区分情爱和友爱,颇多经典名言。他在《四种爱》(汪咏梅译,华东师范大学出版社,2007)一书中说,友爱是肩并肩,情爱是面对面:"情侣总是谈论彼此的爱情,真正的朋友几乎从不谈彼此的友爱;情侣通常面对面,沉浸在彼此之中,真正的朋友则肩并肩,沉浸在某个共同的兴趣之中。"(第48页)"我们把情侣描绘成面对面,把朋友却描绘成肩并肩、直视前方。"(第53页)还有:"爱情要求赤裸的身体,友爱要求赤裸的人格。"(第57页)

② 80年代以来,中国一直流行一句话,是亲人须首先是朋友。路易斯则认为,这等论调,恰好是对亲情之极大破坏。详参路易斯之《四种爱》(汪咏梅译,华东师范大学出版社,2007)一书第3章开头部分,尤其是第20—21页。

③ debunk 乃路易斯常用词汇。在他看来,现代思想盛产 debunker。所谓 debunker,常常操持这一语调:所谓爱情说穿了无非是荷尔蒙,是性欲之包装;所谓战争说穿了无非是屠杀,是利益争夺;所谓宗教或道统说穿了无非是意识形态,是剥削关系的温情脉脉的面纱。故而将 debunker 译为"拆穿家"。

情,记准拆穿家的语气。这些人的伊甸园之根(taproot in Eden)已被割断,干戚羽旄之乐已无由触动。① 对于他们,成排的鹅卵石,比拱门还美丽。然而即便他们只渴求平等,他们也无由达致。不准人崇敬(honor)国王,作为替代,他们就崇敬军人、崇敬运动员、崇敬影星——甚至崇敬名妓或黑老大。因为属灵天性(spiritual nature)也会像属肉天性(bodily nature)一般发挥作用——不准摄取食物,它将饕餮毒药。

【§9.平等就像外衣,白天要穿上,晚上则要脱下。P20】整个问题的实践意义,正在于此。必须小心防范所谓"我跟你一样棒"("*I'm as good as you*")这种精神侵入个人生活及精神生活;就像必须小心防范官僚主义或特权侵入政治一样。在内之尊卑有等可以维系在外之平等主义②,对民

---

① 本句原文为 These are the men whose tap-root in Eden has been cut; whom no rumor of the polyphony, the dance, can reach. 其中 rumor of the polyphony, the dance,殊难翻译。《礼记·乐记》云:"凡音之起,由人心生也。人心之动,物使之然也。感于物而动,故形于声。声相应,故生变。变成方,谓之音。比音而乐之,及干戚羽旄,谓之乐。"拙译藉此语意译。

② 原文为 Hierarchy within can alone preserve egalitarianism without. 在路易斯看来,在民主社会,欲维系政治或社会层面的民主、平等、自由,就应给民主、自由或平等划界,勿让其由政治领域泛滥至伦理、教育等生活领域。关于这一点,详参况志琼、李安琴译《魔鬼家书》(华东师范大学出版社,2010)之附录〈私酷鬼致祝酒辞〉,亦可参本书之第6篇《论民主教育》一文。

主制的浪漫主义攻击还会卷土重来。我们并不安全,除非我们打心底已经领会反民主派会说什么,而且对此做了比他们更为充分的准备。人类天性难以永久忍受单调的平等(flat equality),假如它从其正当领域政治之中延伸出来,非分地进入更真实更具体的内心领地(fields within)。让我们穿上民主;但是每天晚上,要脱下。

3 论三种人[①]

Three Kinds of Man

【译者按】世界上有三种人[②]：逐一己之乐者，砥砺道德者和效法基督者。第一种人固无足论。第二种人，终有高处不胜寒之时。恰如人不能自提衣领拔高自己，道德主义亦不能完成生命救赎。生命救赎之本在于谦卑，在于自认心灵穷乏。

---

① 《论三种人》，原刊于《周日泰晤士报》(*The Sunday Times*)，第6258期(1943年3月21日)，第2版。

② 帕斯卡尔《思想录》第257则，亦区分了三种人："只有三种人：一种是找到了上帝并侍奉上帝的人；另一种是没有找到上帝而极力在寻求上帝的人；再一种是既不寻求上帝也没有找到上帝而生活的人。前一种是有理智的而且是幸福的，后一种人是愚蠢的而且不幸的，在两者之间的人则是不幸的而又有理智的。"(何兆武译本，1985，商务印书馆，第123—124页)

【§1. 三种人：利己主义，道德主义和效法基督。P21】

这世界上有三种人。第一类人，仅为一己及其快乐活着，视人与大自然为无尽原料，任由宰割，以供一己之乐。第二类人，体认到其他呼召(claim)——天意(the will of God)、绝对律令(the categorical imperative)或社群之善(the good of society)，在谋求自身利益时，诚恳地遵从这类呼召之限制，不越雷池半步。他们尽力降身于呼召之下，听其差遣。但也像纳税时那样，和其他纳税人一样期望，税款所余足够他们继续生活。他们的生活被分为两半，像士兵一样，分"接受检阅"和"不受检阅"；像学生那般，分"上学"和"下学"。而第三类人，则像圣保罗那样说话，说对于他们，"活着就是基督"。① 这些人已经摆脱了这一烦事，即调解自我之呼召与上帝之呼召的冲突。摆脱方法很简单，即通盘拒绝自我之呼召。过去那自我中心的意志，调转方向，重新定位，从而获得新生。基督的意志不再限制他们的意志。祂的意志

---

① 【原注】《腓立比书》一章21节。
　【译注】原文为"to live is Christ"。语出《腓立比书》一章第20—21节："照着我所切慕、所盼望的，没有一事叫我羞愧。只要凡事放胆，无论是生是死，总叫基督在我身上照常显大。因我活着就是基督，我死了就有益处。"

就是他们的意志。他们的时间,因属于祂,也属于他们。因为他们的就是祂的。

【§2. 第二种人的困境。P21—22】因为有三类人,所以,对世界做善恶二分就很危险。它忽略了这一事实,即第二类人(我们绝大多数人属于此类)的大多成员,常常且必然并不幸福(unhappy)。道德良知向我们的欲望所课之税,事实上并未给我们留下多少以供生存。只要我们属于这类,我们就要么因没有纳税而心存愧疚,要么因已经纳税而陷于困穷。遵照道德律作工完成不了"救赎"这一基督教义,是日常生活经验里的一个事实。我们必须回撤或前进。但是,仅仅借助自身力量,我们再无所谓前进了。假如新的自我(the new Self),新的意志(the new Will),并没有因祂的垂恩而诞生在我们身上,我们无法合成一个祂。①

【§3. 乞求是我们的唯一智慧。P22】相对于道德努

---

① 关于道德主义者之阈限,可参看路易斯的《要么为人要么为兔》(Man or Rabbit)一文。文章末尾说:"道德是一座大山,仅凭自身之力无法攀接。即便能够攀接,由于没有翅翼以完成剩余旅程,我们也将被毁于山顶冰雪及稀薄空气之中。因为正是从这里,真正的提升才刚开始。绳索及斧子再无用场,剩下的事情关乎飞翔。"见 God in the Dock: Essays on Theology and Ethics, Walter Hooper, ed. (Grand Rapids: Eerdmans, 1970), p. 85。

力来说，基督的索价(price of Christ)在某种意义上相对要少得多——就是渴望祂(to want Him)。这一渴望(wanting)本身，的确亦非我们所能及，要不是因为这一事实：帮助我们抛弃自我满足，满足便会抛弃我们。此即尘世构造之必然。战争、生活烦恼和衰老，会把天生本我(natural Self)从开始就希冀之物逐一拿走。乞求(Begging)是我们唯一的智慧，而穷乏(want)终将更利于我们成为乞求者——即便如此，仁慈的主仍会接纳我们。①

---

① 友人陈鹏然告诉我，这段文字基于《马太福音》五章1、6节："虚心的人有福了，因为天国是他们的。……饥渴慕义的人有福了，因为他们必得饱足。"

4 我的小学生活①
My First School

【译者按】教育之最大难题,就是每种教育都有其副产品。尤其是儿童教育,其首要问题就是,必须首先考虑任何教育规划之副作用。藉追述自己的小学生活,路易斯敬告教育者,教育之为教育,往往是有心栽花花不成无心插柳柳成荫。藉此追述,路易斯亦论及自由、荣誉、信仰、盼望与喜乐。

【§1. 两代人对学校的不同态度。P23】"下周不行",

---

① 《我的小学生活》乃路易斯之标题,刊于《时代与潮流》杂志第24卷(1943年9月4日)"随笔"栏目,第717页。

那孩子说,"我周五要去学校。""你真可怜",我说。"哦,我不知道",那孩子说。我瞟了他一眼,明白这并非"难得糊涂"。他确实并不介意返回学校;他甚至可能还喜欢学校。

【§2. 痛苦的学校生活亦可能有些好处。P23】难道仅仅是因一代人比我那代更快活而心生嫉妒,使我对此发现颇感不适?切莫太过小瞧这种可能性。说"我都经历过了,为什么他们不应经历?"的那个精灵,强大而又善于伪装。然而,我相信,在这种场合,我可以自诩无此过犯。我只是模模糊糊感到,当今时代快乐的在校生,在逃脱学长们经历的那些苦楚之余,又错过了多少好处。但我不是想让这些苦楚卷土重来。事情之复杂由此而来。

【§3. 坏校长之坏心办好事:居然教会了我捍卫自由和荣誉。P23—24】我的第一段小学生活,是《反之亦然》①所描写的那种小学的最后残余之一,除了一个细节之外:我们学校没有告密者。假如小孩们给他机会,坐拥此校的那

---

① 【原注】F. Anstey, *Vice Versa* (1882)。
【译注】托马斯·安斯提·格思里(Thomas Anstey Guthrie, 1856—1934),英国著名小说家、记者。1882 年创作小说《反之亦然》(*Vice Versa*)。

个浓发老头会不会实行间谍统治,我不得而知。他给我父亲所写信件中的甜言蜜语——多年后落在我手中时令我震惊不已——使得它并非不大可能。然而,他未得逞。我们中间没人打小报告。校长儿子已长大成人,是那种油头粉面华而不实之徒,喜欢运动。他享有半神一样的特权,因为他跟他父亲同台进餐,而他的姊妹们却跟学生们吃同样食物。然而我们自己(恰如工会所说)很是"团结"。打、骗、吓、饿,都没使我们出卖同伴。我情不自禁地感到,正是在那个学校里,使我对斯二者一直嫉恶如仇:一方面是单边权力(mere power),一方面是各种各样的内奸。正因为此,我才发现,假如混账校长死去,还真难以想象谁能接替。他,事与愿违,竟然成了荣誉之导师(a teacher of honour)和自由之堡垒(bulwark of freedom)。大独裁者和秘密警察滋生于这类国度,其中,中小学生没有"禁打小报告法"(No Sneaking Rule)。当然,人们必须期待好校长。可是,假如好校长们培养出"是,先生"、"好,先生"和"请,先生"的一代,那么,士括尔斯①本人对一个民族就为害不浅。

---

① 【原注】士括尔斯(Wackford Squeers)是查尔斯·狄更斯(转下页注)

【§4.喜乐与快感之不同在于:喜乐之中有切肤之痛。P24】接下来就是期末。用铅笔一天一天勾画桌上的小日历。还有 23 天,还有 22 天,21 天……下一周……后天……明天……行李箱已经搬到宿舍。约翰·本仁(Bunyan)告诉我们,当天路客到达"安静之地","基督徒竟因对它的渴望而得病了,盼望也发过一两次同样的病"。① 我是何其了解那种病! 它不只是一个隐喻。它在体内颤栗悸动:沿着脊柱顺道而下的甜美的颤栗:日不思食:夜不能寐。

(接上页注)小说《尼古拉斯·尼克贝》(1838—1839)中"杜德波伊斯学堂"校长。
【译注】狄更斯小说中的这所寄宿学校,名为 Dotheboys Hall,汉语音译为"杜德波伊斯学堂";因其隐含 do the boys in 的意思,故而亦意译为"坑人子弟堂"。

① 【原注】John Bunyan, *The Pilgrim's Progress*, ed. James Blanton Wharey, second edition revised by Roger Scharrock (1960), Part I, p. 155.
【译注】见[英]约翰·本仁:《天路历程》(新译本),郑锡荣译,中国基督教协会,2004,第 136 页。路易斯引用此段,信手拈来,对英文读者来说,可能已足够明了。对不大熟悉这部著作之中文读者,则有必要引用全部段落:"他们在这片土地上散步时,要比在远离天国之处欢乐得多。越走进天国,他们就能更完整地看出它的全貌。它是用珍珠和宝石建成的,街道用金子铺成。由于天国的自然荣光和阳光的反射,基督徒竟因对它的渴望而得病了,盼望也发过一两次同样的病。为此他们只好在那儿躺了一会儿,并因精神上的悲痛而喊叫道:'若遇见我的良人,要告诉他,我因思爱成病。'(歌 5:8)"

最后一天的早晨如约而至。渴望不是更淡,而是更浓了:一阵令人晕眩的兴奋,使得人必须拼命去想平常事务,以防理性已遭颠覆。我相信,它自此而后曾经一直是我关于喜乐(joy)的一个标准,尤其是借以划分喜乐和快感(mere pleasure)。① 那些记得此等期末的人,假如在此后生活中任由快感欺骗自己,将不可原谅。要是缺了那种如刀刃或针尖的品质,我们就立刻觉得不对劲;那种震惊(shock),仿佛正在吞噬光明本身的就是我们。

【§5. 期终与信仰。P25】但我们可能会从中学到更多。每逢开学,期终显得不可思议。我们当然信它,就像循规蹈矩的信徒"信"天堂。但我们又像一个不信天堂的人那样,不信它。拿从中得到的安慰,来对抗明天几何课(几何是大为头疼的课程)渐次迫近的恐惧,就像尘世之人靠阔论

---

① 在路易斯的心里,Joy(喜乐)是一个极为重要的词汇。如其两部精神自传,《惊喜之旅》(*Surprised by Joy*, 1955)及《天路归程》(*The Pilgrim's Regress*, 1933),其主题都是Joy。此词含义颇不同于happiness(幸福),更不同于pleasure(快感)。至于其详细区别,远非概论所及。因为路易斯,只是在不同著作中浓墨重彩描绘Joy,而不是界定。有学者说,描写Joy,迄今为止无人出路易斯之右。译者当然不敢妄加界定。读者诸君若有心体察路易斯所谓Joy,最好途径是阅读路易斯之文字,沉浸咀嚼。若嫌此路迂远,可参看汪咏梅博士之《理性、浪漫主义和基督教》(上海人民出版社,2010)第三章。

天堂之荣光来对抗怀疑自己得了癌症。回家之喜乐，在上半学期，仅仅是一个"逃避主义"的幻影。理论上讲，在某个地方确实有个世界，其中之人美其服，安其居，甘其食①；但心灵不会信以为真。接下来，一学期连着一学期，那不可思议者却都来了。期终（the End）真的来了。大吼大叫怪头怪脑的老头，连同他的拐棍，他的威胁，他的怪笑，以及写写画画的墙，既是厕所又是玩具仓库的阴郁棚屋，都像一场噩梦一样烟消云散。

【§6. 假期结束与世界末日。P25—26】当然还有一个更灰暗的奇迹。假期上半段，开学同样有些难以置信。我们都知道——你可愿意称之为知道——我们必须返校：就像一个和平时期的健康青年知道——假如你愿意称之为知道——他的手终有一天会成为骷髅的一部分；又像我们都知道，这个星球有朝一日变得无法居住，而且（之后）整个宇宙将会"衰颓"（run down）。但是，每一次那难以置信者健步向前，如期而至。还有一周，一天，一个小时，假期就要

---

① 英文原文为 people had comfortable clothes, warm beds, chairs to sit in, and palatable food. 译文借《老子·第八十章》"甘其食、美其服、安其居、乐其俗"之句意译。

结束。"往事不堪回首"①,仿佛从未发生。这也就使得我从此之后,不再能够即刻相信眼前事物那显而易见的重要性,即便我所持的哲学鼓励我这么做。我能够(相当经常地)相信,我自己之死及我们这个物种之死,因为我已经见过此类事情发生。我能够相信人类之不朽,既提心吊胆、充满想象,同时又不乏理智。当那一天来临,它不会比我所经历过的其他大梦初醒,更让我震惊。靠希望和期待生活(to live by hope and longing),是我在学校学到的一门艺术。对于我来说,应当有两个世界,不足为奇。

【§7. 教育规划往往有其副产品。P26】其道德意义何在?毋庸置疑,我们不应当让我们的孩子在学校不快乐。我自认为可以追根溯源到我的小学生活中的那些善果,将不会产生,假如那个邪恶的教育程序想有意为之的话。它们纯粹是副产品。是那个坏老头之贪欲的副产品,他企图从受蒙蔽的家长手中挣到尽可能多的钱,同时给以尽可能少的回馈。关键就在这里。当我们做未来教育规划之时,

---

① 原文为"portions and parcles of the dreadful past"。语出第一代丁尼生男爵的诗歌《吃忘忧果的人》(*Lotos-Eaters*)。此诗暂无中译本,故此处根据上下文藉中文习语意译。

必须摆脱我们将永远取代命运(destiny)的幻觉。当然,规划要做得尽可能好。然而切记,教育规划对每个孩子的深层及最终效果,将会是你始料未及的,你的教育机器的微小偏差,便会带给孩子根深蒂固的影响。而对于这种小偏差,无论你的蓝图还是你的操作模式,都丝毫未提及。①

---

① 【原注】在他的自传《惊喜之旅》(*Surprised by Joy*)中,路易斯专章去写其小学生活,那个小学他称之为"Belsen"。其真实名字是 Wynyard School,坐落在 Watford, Hertfordshire。当路易斯 1908 年来此上学,Wynyard 已走向败落。当它于 1910 年关闭之时,路易斯获得自由。直至《惊喜之旅》出版之后,路易斯才知晓那个极其残酷的校长,其实已经患精神病多年。他的学校倒闭一年之后,他死于精神病院。

5 英语是否前景堪忧?[①]

Is English Doomed?

【译者按】取消古典学,只能让学生沦为流行语词或专业行话的牺牲品。研习文学之真正目标在于,使研习者摆脱自身之固陋,走出自己时代与阶级之褊狭。新批评学派所津津乐道的"欣赏",究其实,也和文法一样,只是文学教育之必要条件,而非其旨归。现代人欲走出固陋,就需与活的过去相遇。设如此,单凭历史不行,还需依靠文学。

---

① 《英语是否前景堪忧?》,原刊于《旁观者》杂志第172卷(1944年2月11日),第121页。

【§1. 教育方案必须避免的两个陷阱。P27】一个民族的巨大变迁，往往发生在不知不觉之间。可能很少有人意识到，英国大学里严肃的英文研究正在走向灭绝。死亡执行令还没有签署，但已经做出。你可能在《诺伍德报告》①中读到了它。一项不偏不倚的教育方案，必须努力避免两种恶。一方面，不能因那些基于学术要求的科目，牺牲那些永远达不到大学要求的孩子的利益；另一方面，也不能让中小学生的要求决定大学的研究形式（forms of study），从而践踏大学之自由。报告起草者正好落入了第二个陷阱。其作者深信，他们所说的"英文教育"，"任何教师"都能提供（页94）②。英文学科的"过早的校外考试"③遭贬斥

---

① 《诺伍德报告》(Norwood Report)，因其主席西里尔·诺伍德爵士(Sir Cyril Norwood)而得名。其全名是：*Curriculum and Examinations in Second Schools: Report of the Committee of the Secondary School Examinations Council Appointed by the President of the Board of Education in 1941*(1943)。亦可参见路易斯的"The Pathenon and the Operative"一文，文见 *Of This or Other World*, Walter Hooper 主编(1982)。此书之美国版本名曰 *On Stories and Other Essays on Literature* (1982)。

② 此页码即《诺伍德报告》之页码。

③ 英国大学有所谓的"校外考试员制"(external examiner system, 又译校外考官制或校外评审员制)。这一制度是指各大学在进行学位考试时，聘请外校相同或相近专业资深教师和大学之外相关职业领域专家担任学校考试委员会成员，参与学位考试的出题、阅卷、口试、（转下页注）

（页96）。我弄不清楚，到底什么时候那个"刚好"时刻才会来到。英文教师无须是英文学者(English scholars)。大学要去设立"一个普通荣誉学位，涵盖英语以及其他学科"；不是因为英文研究会因之繁荣，而是因为这切合中小学。

【§2. 取消英文研究之后果。P27—28】受此提案熏染的人，跟我交谈时全无此疑虑：假如这一提案被采纳，那就意味着英文作为一门学科的终结。一门没有校外考试的科目，将不会有国家奖学金；不再需要专门教师的学科，将会断了学者的生计。进出英文学术研究的前后二门，都被堵死。每所大学的英文教师队伍，于是就成了没有学生的教师队伍。在一些最大的大学里，无疑仍然会有英文教授，就像那里有梵文教授或拜占庭希腊语教授一样，会有那么四五个学生听他的课。而作为国家精神生活重要因素的那个东西，则完全死掉了。虽然我们或许可以满心期望，英文学术将在海外存活，尤其像美国和德国。然而在这里，它存活不下去。

（接上页注）评分及讨论等活动，并针对学校的课程设置进行评估。之所以称之为"校外考试"(eternal examination)，是因为它不由学校自行办理，而由民间团体办理。政府也不直接介入，只是制订法规及执行监督。

【§3.取消古典教育之后果。P28—29】有一些人欢迎这一结果。英文教师队伍有个冒进(obtrusive)习惯。剑桥文学学士学位考试①强烈的现代主义色彩和激进品格,以及牛津"学派"②所谓的狂躁不安的基督教气息(有些夸大其词),或许在不同程度上冒犯人。合而言之,它们是个警告:要是你想要一种群体制造的正统(mass-produced oxthodoxy),你就错了主意。你就会让年轻人来研究我们的民族文学,因为这块领地上来了兜售商。然而我并不认为《报告》因此思考而发。假如它扼杀了英文学术的话,它有可能是无意为之。它的观点,来自实实在在的误解。它相信,"任何教师"在教授自己的特定科目的过程中,就能教授清晰而有逻辑的英语。假如最年长的《报告》起草人本人就在学校任教,那么,这一观点好像挺有道理。

---

① 原文为 Cambridge Tripos。剑桥的文学学士学位考试被称为"Tripos"。

② Oxford "Schools",直译为"牛津'学派'",但未知具体所指。因为在任何学科之中,都有"牛津学派"。联系下文"所谓的狂躁不安的基督教气息"来看,路易斯所说 Oxford "Schools",似乎与"牛津运动"(Oxford Movement)有关。所谓牛津运动,是指 19 世纪英国基督教圣公会内部以牛津大学为中心兴起的运动,旨在反对圣公会内的新教倾向,恢复天主教思想和惯例。(详参《不列颠百科全书》第 12 卷 489 页)

因为就他们而言,所有教师都接受过古典学(Classics)训练。古典学训练对英文风格的影响,可能没有经常宣称的那样好,这没错,但是它至少去除了最糟糕的野蛮文风(worst barbarianism)。此后,古典学几乎大败。除非得到认真研究的英文能薪火相传,否则,那种"任何教师"都能在教授其他课程中反复灌输的英语,在最好情况下,不过反映了他所心爱的报纸,而在最差情况下,则全是自己学科的技术行话。

【§4.恰如文法,欣赏只是文学教育的必要条件。P29】危险在于,出于对英文学术之本性的误解,《报告》的观点恐怕会得到广泛赞同(恰如其有可能形成)。很多人都会认为,在地理或(老天哪!)神学中,测试儿童理所应当,而文学则否。其根据则是,地理与神学永远无意于娱乐,而文学则是。事实上,英国文学教育,仅仅被视为"欣赏"(appreciation)之辅助。当然,欣赏是必要条件。因笑话而发笑,因悲剧而颤栗,因感伤场面而哭泣——这和懂得语法一样必要。但是,无论语法还是欣赏,终非归宿(ultimate End)。

【§5.文学研究,使人走出固陋。P29—30】文学研究的真正目标是,通过让学生成为"观赏者"(the spectator)①使学生摆脱固陋(provincialism)。即便不能观赏全部"时代及实存"(time and existence),也须观赏大部。学生,甚至中小学生,由好的(因而各不相同的)教师带着,在过去仍然活着的地方与过去相遇,这时他就被带出了自己所属时代和阶级之褊狭,进入了一个更为广阔的世界。② 他在学习真

---

① 假如把现世生活比作奥林匹克运动会,毕达哥拉斯就会把人分为三种:一种是藉此机会做点买卖的人,这是追逐利益者;一种是来参加竞赛的人,这是追求荣誉者;一种则是看台上的观众(spectator)。毕达哥拉斯赞美沉思的生活,故而,这三种人也就是三等人,以最后一种为人生之最高境界。罗素《西方哲学史》(何兆武、李约瑟译,商务印书馆,1963)中写道:

伯奈特把这种道德观总结如下:"我们在这个世界上都是异乡人,身体就是灵魂的坟墓,然而我们绝不可以自杀以求逃避;因为我们是上帝的所有物,上帝是我们的牧人,没有他的命令我们就没权利逃避。在现世生活里有三种人,正像到奥林匹克运动会上来的也有三种人一样。那些来作买卖的人都属于最低的一等,比他们高一等的是那些来竞赛的人。然而,最高的一种乃是那些只是来观看的人们。因此,一切中最伟大的净化便是无所为而为的科学,唯有献身于这种事业的人,亦即真正的哲学家,才真能使自己摆脱'生之巨轮'"。(第59—60页)

② 路易斯在《论古书阅读》(On the Reading of Old Books)一文中,批评了这一流布甚广的观点,即阅读古书,乃专家之事;业余爱好者,读今人所著关于古书的书,足矣。准此,英国文学系的导师、学生可能读数十遍关于柏拉图主义的文字,而不去读柏拉图。

相对于这种厚今薄古之阅读观,路易斯则申述"厚古薄今"之读书观。假如古书新书二择一,路易斯会选择古书。假如必须读新书,路易斯建议读一本新书之后,必须要读一本古书。假如还做不到,至少应当是三比一。路易斯之所以倡导这样一种厚古薄今之阅读观,并非因为(转下页注)

正的精神现象学(*Phaenomenologie des Geistes*):发现人是何其异彩纷呈。单凭"历史"不行,因为它主要在二手权威中研究过去。"治史"多年,最终却不知道,成为一名盎格鲁—撒克逊伯爵、成为一名骑士或一位19世纪的绅士,到底是何滋味,大有人在。在文学中能够发现纸币背后的黄金,且几乎只有在文学中才能发现。在文学中,才摆脱了概论(generalizations)①

(接上页注)古人定比今人高明,而是因为每一时代都有其独特识见,故而古书可正今人之失。他说:

　　每一时代有其识见(outlook)。它善于看到特定真理,亦易于犯特定错误。因此,我们所有人,都需要那些可以纠正我们自身时代标志性错误的书籍。这意味着古书。在一定程度上,所有当代作家都共享当代识见——即便是那些像我一样与之敌对的人,也不例外。阅读往古书籍,最震撼我的莫过于这一事实,即争论双方许多视为理所当然之事,我们则绝对否认。他们以为针锋相对,然而事实上,他们在一大堆共同假定上却始终团结一致——彼此团结一致,对立于先前及后来时代。我们可以确定,20世纪特有盲点(characteristic blindness)正在于我们从未置疑之处。(见 C. S. Lewis, *GOD IN THE DOCK*: *Essays on Theology and Ethics*. ed. Walter Hooper, Grand Rapids: Eerdmans, 1970, p. 202)

① 托克维尔在《论美国的民主》(董国良译,商务印书馆,1988)中指出,民主社会的知识人对"一般观念"(general ideas)具有一种亘古未有的激情:

　　我每天一早起来,总是听到人们又发现了我以前闻所未闻的某个一般的、永久的规律。即使是一个平庸的小作家,他也跃跃欲试,企图发明一些可以治理大国的经纬;他要是不在一篇文章中把全人类都写进去,他是决不会心满意足的。(《论美国的民主》下卷第530页)

(转下页注)

和时髦话(catchwords)①的专断统治。文学学生知道(比如)尚武(militarism)一词背后,藏着多么纷繁的现实——郎世乐②,布雷德沃丁男爵③,马尔瓦尼④。要是我把大学

(接上页注)

对一般观念的热爱,形成了这样一种思维习惯:"找出所有事物的共同准则、把大量的事物总括在同一的形式之下、只用一个原因来解释无数事实。"(《论美国的民主》下卷第531页)

① 胡适先生曾言,现代学人要说真话,除了古人所谓"富贵不能淫、贫贱不能移、威武不能屈"之外,还需"时髦不能动":

多少聪明人,不辞贫贱,不慕富贵,不怕威权,只不能打破这一个关头,只怕人笑他们"落伍"!凡此不甘落伍的一个念头,就可以叫他们努力学时髦而不肯说真话。王先生说的最好:"时髦但昆聋听,鼓怒浪于平流。自信日深,认假语为真理。"其初不过是想博得台下几声拍掌,但久而久之,自己麻醉了自己,也就会认时髦为真理了。(胡适:《〈王小航先生文存〉序》,《胡适文集》第5册,欧阳哲生编,北京:北京大学出版社,1998,第376页)

路易斯曾批评现代思想界,患有一种"时代势利病"(chronological snobbery):"不加批评地接受我们自己时代共同知识气候,认定大凡过时之物便不再可信。"(C. S. Lewis, *Surprised by Joy*, London: HarperCollins, p. 241)现代人与时俱进随风起舞的思想习惯,路易斯终生深恶而痛绝之。

② 马罗礼《亚瑟王之死》中,亚瑟王圆桌骑士第一勇士。参见本书第一章。

③ 瓦尔特·司各特爵士(Sir Walter Scott, 1771—1832)的小说《威弗利》(*Waverley*)中的苏格兰低地贵族。

④ 【原注】亚瑟王传奇中的郎世乐爵士(Sir Launcelot);瓦尔特·司各特爵士(Sir Walter Scott, 1771—1832)的《威弗利》(*Waverley*)中的布雷德沃丁男爵(Baron Bradwardine);Terence Mulvaney 是吉卜林小说《三士兵》(*Soldiers Three*, 1888)中三位二等兵之一。

英文教师队伍,视为人文学科的主要卫士(在现代条件下),那么或许无疑,是我所致力的研究使我走向片面。然而,在某种意义上,我还是很有资格做出评判。在古典学①和英文领域,我曾既是学生又是教师;在历史院系,(我承认)我只教过书。假如有人说,英文现在是这三门学科中最为自由(liberal)——也最能使人自由(liberating)——的学科,我可能发现很难和他作对。

【§6. 历数英文研究对文化传承之贡献。P30—31】
"在此时、此地、此等运道之下,"锡德尼笔下的缪西多勒斯②说,"我们说话高调就合法"——因为他在地牢里说话。③ 假如英格兰,启程于效法希腊罗马,却准备取缔对本族文学的系统研究,那么,在打击来临之前,记住这一研究

---

① 原文为 *Literae Humaniores*。该词坊间多译为"人文学科",但却并非汉语学界通常所谓人文学科。英文维基百科解释 *Literae Humaniores* 说:"牛津大学及其他大学一门本科课程名,该课程专治古典(古罗马、古希腊、拉丁文、古希腊文及哲学)。"故而,译为古典学。

② 缪西多勒斯(Musidorus),菲力普·锡德尼爵士(Sir Philip Sidney, 1554—1586)的《阿卡狄亚》(*Arcadia*, 1590)中的男主人公。作品生动地描述了皮洛克利斯(Pyrocles)和缪西多勒斯(Musidorus)两位王子的冒险经历以及他俩与阿卡狄亚国王的两个女儿菲洛克利娅(Philoclea)和帕梅拉(Pamela)之间的浪漫爱情。

③ 【原注】菲力普·锡德尼爵士(Sir Philip Sidney, 1554—1586),《阿卡狄亚》(*Arcadia*, 1590),卷五。

在其短暂生涯中所获成果,乃属基本自尊。与其他任何学科成果相比,它们毫不逊色。我们这些英文学者,勉强只有百年历史。在这段时间里,我们把世界上最大的词典献给祖国。① 我们将一大批中世纪文学付诸印刷,此前,则因禁于手稿中。我们确定了莎士比亚的文本。我们注疏乔叟。我们让我们最古老的诗歌波及最为新近的诗歌。我们承续了,雷利②之"学"、克尔③之"才"、钱伯④之"智",还有(再往前推)斯基特、弗尼瓦尔、约克·鲍威尔、约瑟夫·赖特之"骨鲠"。⑤ 新近,剑桥开始一项研究,探讨文学经验的本

---

① 指《牛津英语大辞典》(*Oxford English Dictionary*)。简称 OED,共 13 册,1933 年出第一版。据 1933 年版所述,该词典的目标是,列出自有记录以来直至今日的所有英语字词,并列举一切有关词形、语义演变及词源的一切事实。1989 出版第二版,简称 OED2,共 20 卷。(参《不列颠百科全书》第 12 卷 489 页)

② 原文人名仅有姓氏 Raleigh。查《不列颠百科全书》(第 14 卷 126 页),有两位雷利爵士(Sir Walter Raleigh)。一位雷利(1554?—1618),英国探险家和作家,女王伊丽莎白一世的宠臣。1585 年封为爵士。另一位雷利(1861—1922),苏格兰作家、评论家。当时牛津大学的一位知名人物。1911 年封为爵士。看上下文,疑指后者。

③ 克尔(W. P. Ker,1855—1923),苏格兰文学学者及散文家。

④ 钱伯(R. W. Chamber,1874—1942),英国文学学者,学问家。

⑤ "学"、"才"、"智"、"骨鲠",均属意译。原文分别是 rich humanity、astringent genius、patient wisdom、tough old giant。窃以为,以现代汉语直译,反不如古人习用之单音字传神。

(转下页注)

性,这是亚里士多德之后就无真正先行者之事。① 最近,在牛津,我们对德国铁丝网后面的英国人进行考试(这是所有大学所有教师队伍之首例)。我们一读再读那些讲述在狱中度过多少有益而又愉快时光的答卷,我们感到,我们这一

(接上页注)

斯基特(Skeat)未知何人,查《不列颠百科全书》(第15卷398页),只有一位W. W. Skeat(1866—1953),"英国人神学家,长于马来半岛人种志"。

弗尼瓦尔(J. F. Furnivall, 1825—1910),英国以研究英国文学见称的学者,曾致力于版本校勘及创办学术团体,其中尤以早期英语学会著称,对于推动中世纪英文学研究,有开创之功。(参《不列颠百科全书》第6卷505页)

约克·鲍威尔(York Powell),未知何许人。

约瑟夫·赖特(Joseph Wright),查《不列颠百科全书》(第14卷320页),仅有一名英国画家名Joseph Wright(1734—1797)。

① 路易斯在《论故事》("On Stories")一文中则说,尊重文学本性之探讨,自亚里士多德之《诗学》之后,还有薄伽丘和荣格。文中说:"令人吃惊的是,就其本身思考故事(Story considered in itself),批评家给予的注意力实在少得可怜。给定一个故事,其讲故事的风格,其写作次第,(尤其是)其人物刻画,都得到充分讨论。然而故事本身,这一系列想象事件,几乎常常是闭口不谈,即便谈起,也只是为谈论人物刻画提供方便而已。诚然,有三个著名例外。亚里士多德的《诗学》建构了一个关于古希腊悲剧的理论,它把故事置于中心,而让人物处于严格的从属地位。在中世纪和文艺复兴早期,薄伽丘(Boccaccio)等人发展了关于故事的寓言理论(allegorical theory of Story),来解释古代神话。在我们这个时代,荣格及其追随者则提出他们的原型学说。除这三个尝试而外,这一论题几乎无人触摸。"见 *On Stories: and Other Essays on Literature*, Walter Hooper 主编, New York: Harcourt Brace Jovanovich, 1982,第3页。

努力很值得。我们认为,这里是一个无可抗辩的证明,不是证明其价值仅仅在于"欣赏",而是证明其价值在于不为数世纪以来感情、思想及风俗之变换所动,一脉相传。我们认为,这里才有未来之吉兆。然而我们并不知道,就像郎世乐(Launcelot)①一样,我们的奖赏却是死亡。

【§7. 教育局因强势更须慎重从事。P31】教育局有重甲装备,而小小学者和英国人则无。假如它下决心击沉我们,轻而易举。这时只能希望,相当多的公众应当知道,这一沉没究竟意味着什么。

---

① 马罗礼(Sir Thomas Maroly)《亚瑟王之死》(*Le Morte Darthur*,1485)中的圆桌骑士。详参本书《骑士品质之必要》一文。

6 论民主教育[①]
Democratic Education

【译者按】民主教育当为维系民主制的教育,而非民主主义的教育。欲维系政治上的民主制,恰需教育上的贵族制。这是因为,平等诉求有两个情感根基:一为渴求公平,一为仇恨卓越。前者最高贵,后者最卑劣。处处追求平等的民主主义教育,助长的恰好是后一情感。

【§1.民主派所喜不等于民主制所需。P32】亚里士

[①] 《论民主教育》乃路易斯之标题,刊于《时代与潮流》杂志第25卷(1944年4月29日)"随笔"栏目,第369—370页。

多德说,民主教育并不应当是指民主派(democrats)所喜欢的教育,而应当是将能维系民主制的教育。① 除非我们认识到,民主派之所喜与民主制之所需并不必然同道,否则我们就不能清楚思考教育。②

【§2. 流俗的民主教育喜言平等。P32】举例来说吧,相对于愚钝而又懒散者,聪颖而又勤勉者不能获得任何优

---

① 亚里士多德认为,政体有三个"正宗类型":君主政体、贵族政体和共和政体。与此相应,有三个"变态类型":僭主政体、寡头政体和平民政体。(详见亚里士多德《政治学》卷一第7章,吴寿彭译,商务印书馆,1965,第181—182页)

在亚里士多德看来,维持政体之长治久安,诸方略中最重要的一端就是,"按照政体(宪法)的精神实施公民教育"。而维系平民政体或民主政体的教育,并非处处标举自由,而是要强调法律约束。详见吴寿彭译《政治学》卷五第9章,第281—282页。

亚里士多德此意,政治思想史学者约翰·麦克里兰之概括,甚为精当:

最重要的是,教育制度必须充分配合政府形态。亚里士多德并增加一条原则说,应以民主方式教育寡头统治者,以寡头方式教育民主人,因为让民主人在完全自由中成长,以及让寡头统治者成长于奢侈与安逸之中,来日必成大患。([美]约翰·麦克里兰:《西方政治思想史》上册,彭淮栋译,人民出版社,2010,第72页)

② 路易斯严"民主政治"与"民主主义"之分界。他指出,"民主"(democracy)一词,严格说来只是指一种政治制度,或更严格地说只是选举制度。魔鬼引诱现代人的一个策略就是,让"民主"成为一种口号或口头禅,成为民主主义或民主精神。在路易斯看来,民主溢出政治领域,进入生活的各个领域,后果将是灾难性的。关于此,详见况志琼、李安琴译《魔鬼家书》(华东师范大学出版社,2010)之附录〈私酷鬼致祝酒辞〉。

势的教育,在一定意义上是民主的。它是平等主义的,而民主派喜爱平等。《爱丽丝梦游仙境》中的"无谓竞赛"是"民主"竞赛,因为每个赛跑者都胜出,都获得奖章。就像嘉德骑士团①那样,它认为任何优点都有的可说。在教育中,虽然无人公开主张这样一种彻头彻尾的平等主义,但是苗头已经出现。可以看到越来越高涨的呼声,要求一些孩子比其他孩子能修得更好的那些学科,不再列入必修课程。昨日是拉丁语。今日,我在一篇论文中看到,则是数学。这两门课都给某类孩子以"不公正的优势"(unfair advantage)。取缔这类优势,便是民主之一义。

【§3. 流俗的民主教育喜言行行出状元。P32—33】没有理由在取缔这两门必修课程之后,就此止步。为了始终一贯,我们必须前进。我们也必须取缔所有必修课程,我们必须扩大课程表,从而使得"行行出状元"。② 即便那些

---

① 【原注】嘉德骑士团(The Order of the Garter,),由英格兰国王爱德华三世(King Edward III)组建于1344年,是最高骑士团体。路易斯此喻出典于墨尔本伯爵(Lord Melbourne,1779—1848)关于嘉德骑士团的一句话:"我喜欢嘉德,因为它没有该死的优点。"(I like the Garter; there is no damned merit in it.)

② 原文为"every boy will get a chance at something",依习语"行行出状元"意译。

不能或不愿完成入门学习的孩子,也能因某些事得到嘉许或宠爱,如手工或体操,道德榜样或公关礼仪,公民资质或护理豚鼠,兴趣爱好或音乐欣赏。什么都行,只要他喜欢。于是乎,没有孩子及家长觉得逊于他人。①

【§4. 两个问题。P33】如此之教育定然投民主感情之所好。它修正了天生之不平等。② 然而,它是否会养育民主国家,使之存活;或者即便它能存活,其存活是否可欲③——

---

① 路易斯在〈私酷鬼致祝酒辞〉一文藉私酷鬼之口,批评流行的民主教育:

新式教育的基本原则,乃是不可以让笨学生、懒学生感觉自己不如那些聪明勤奋的学生。那是"不民主"。学生之间的这些差异必须被掩盖起来——因为显然它们都是赤裸裸的"个体"性质的差异。这些差异可以在各种不同的层面加以掩盖。在大学里,考试要拟定考试大纲,以便所有学生都能拿到好分数;大学入学考试也要有考试大纲,以便所有——或者几乎所有的——公民都能上大学,不管他们是否有能力(或愿望)享受高等教育的好处;在中小学校,如果有些学生过分愚蠢懒惰,学不来语言、数学、初等科学,就安排他们去做一些孩子们通常会在闲着没事干的时候做的事,比如让他们做泥巴馅饼,并美其名曰"设计"。重点在于,无论何时,都不可以用哪怕最轻微的方式暗示他们比正常孩子差。他们做的事,不管多没有意义,必须得到"同等的重视"……于是,聪明优秀的孩子在整个学生时代都被"民主地"绑定在同龄人的班级;一个小崽子本来可以应付埃斯库罗斯或但丁,却坐在同龄人中间,听他们费劲巴拉地拼写"一只猫坐在席子上"。(况志琼、李安琴译《魔鬼家书》,华东师范大学出版社,2010,第140—141页)

② 原文为 the inequalities of nature。《孟子·滕文公上》云:"夫物之不齐,物之情也;或相倍蓰,或相什百,或相千万。"可资参证。

③ 原文为 desirable。汉译"可欲",语本《孟子·尽心下》之"可欲之谓善"。

则是另一码事。

【§5. 此等民主教育,在制造笨蛋国家。P33】如此教育下的国家,其存活之不大可能,无需多费唇舌。显而易见,它能免却毁灭,只要其竞争对手或敌人也被强制采取同样体系。只有在笨蛋世界里,笨蛋国家才会安全。而关于是否可欲的问题,更有意思。

【§6. 平等诉求的两个情感源泉。P33】平等诉求有两个源泉。一个来自最高贵的人类情感,一个来自最卑劣的人类情感。高贵源泉是渴求公平游戏。另一源泉则是仇恨卓越。方今之时,忽视后者之重要性,就是陈义过高。所有人都有一趋向,怨恨比自己更强大、更敏锐或更好的存在。只有借助外在的良好规训和内在的持续道德努力,这一趋向才能得以改正。在没有规矩且蛮不讲理的人身上,这一趋向变本加厉,变成了对任何杰出(excellence)的一种难以抚慰且无缘无故的恨。这一点,可于流行词汇中略见一斑。今日,诸如"高蹈"(highbrow)、"自恃"(upstage)、"老校情结"(old school tie)、"学究"(academic)、"自命不凡"(smug)及"自满"(complacent)之类语词风行,我们见怪不怪。当今用这些词语,都是挖苦人的;我们能感觉到其中的尖酸。

【§7.民主主义助长邪恶情感。P34】山雨欲来的这种"民主"教育,当然不好。因为它致力于抚慰邪恶激情,迎合嫉妒。不必怀此企图,理由有二。其一,你不会成功。嫉妒不知餍足。你越是迁就,它索求越多。你可能采取的谦卑态度(attitude of humility)抚慰不了有自卑情结(inferiority complex)的人。① 其二,你企图引入的平等是致命的(fatal)平等。

【§8.给平等划定义域。P34】在数学领域之外,平等(Equality)是一个纯粹的社会概念。视人为政治及经济动物之时,用它。在心灵世界,它没有位置。美(Beauty)并不民主(democratic)。她更多地向少数人显现自身,而非多数

---

① 路易斯所用"自卑情结"(inferiority complex)一词,与阿德勒不同。阿德勒之精神分析设定,任何人都有自卑情结;而路易斯则是在说,只有自觉才不如人者才有自卑情结。这一自卑情结的标志就是,拿"我跟你一样棒"(I'm as good as you)做精神支柱:

圣伯纳德绝不会对玩具狗说,"我跟你一样棒";拿奖学金的学生绝不会对低能儿说,"我跟你一样棒";可用之才绝对不会对无业游民说,"我跟你一样棒";漂亮女人绝对不会对丑女人说,"我跟你一样棒"。除了严格意义上的政治领域外,只有在某种程度上自感不如别人的人,才会要求平等。确切地说,这句话正好表现了有病的人的自卑感,自卑感弄得他痒痒、刺得他心疼、揪住他的心,可他仍拒不承认。(况志琼、李安琴译《魔鬼家书》,华东师范大学出版社,2010,第137页)

人;更多显现给持之以恒且严以自律之人,而非心猿意马之人。德(Virtue)并不民主。是那些更热烈的追求者,而不是大多数人,才会成就她。真(Truth)也并不民主。她要求特别之天分、特别之勤勉,她仅仅惠顾这些人。政治民主前景堪忧,假如它试图将其平等诉求延伸至更高领域。伦理、理智或审美之民主,乃死路一条。

【§9.民主教育与贵族制。P34】真正的民主教育,那种维系民主制的民主教育,在其自身领地之内,必须是无情的贵族制(ruthlessly aristocratic),不以"高蹈"为羞。设计课程时,它应当主要着眼于那些愿意求知(wants to know)的孩子及能够求知(can know)的孩子(除少数例外,他们是同一个孩子。那些蠢笨孩子,往往就是那些不愿求知的孩子。)在某种意义上,它必须让大多数人之利益从属于少数人之利益,它必须使中小学从属于大学。只有这样,它才会成为上知之人的养护者。① 离开上知之人,民主制或其他政体,都不可能繁荣。

【§10.教育贵族制会成就愚钝学生。P34—35】"可

---

① "上知之人"乃意译,原文为 first-class intellects。《论语·阳货第十九》:"唯上知与下愚不移。"《论语·雍也第六》:"中人以上,可以语上也;中人以下,不可以语上也。"拙译据此二语意译。

是那些愚钝孩子怎么办?"你会问,"我家汤米怎么办？他极度紧张,他不喜欢算术和语法。难道要让他做别人家孩子的垫脚石?"我的回答是:亲爱的家长,你着实误解了汤米的真实想望及真实兴趣。只有"贵族"体系才会真正给汤米他想要的。假如容许我自主行事,汤米将会舒适地落在底部。他坐在后排,口嚼奶糖,与同学窃窃私语,时而揶揄笑闹,时而接受惩罚。自始至终,他秉持着对权威的这种有张有弛的态度。这种态度,是英国免于沦为奴才国度(a servile State)的主要保障。当他长大成人,他不必成为一个博森。① 这个世界上,汤米这类芸芸众生的容身之处,比博森的多很多。有成打的职位,比脑力工作报酬高出许多。在这些职位上,他会非常有用,也非常快乐。另外,他还会享有一种无价的好处:他知道自己并不聪慧。他与杰出头脑(the great brains)的分际,一直清晰。在运动场上,他拍杰出头脑的脑门。他对他们保持不乏愉悦色彩的尊敬。他会欣然承认,尽管在高尔夫球场,他能轻松击败他们,但他们知他之所不知能他之

---

① 【原注】理查德·博森(Richard Porson,1759—1808),东拉斯顿郊区牧师之子。孩小之时,就显出超常记忆力。因众多监护人之助,在伊顿公学和三一学院接受教育。1792 年,成为剑桥大学希腊语钦定教授。

所不能。他会成为民主政治之柱石(a pillar of democracy)。他会把做绳子的份,留给那些聪慧的人。

【§11. 民主主义教育会成为法西斯之温床。P35—36】而你的所作所为,把他一心想望的那种全然自由的私人生活,当作永远的对立面,加以剥夺。你把游戏变成必修功课,从而令他无缘于真正游戏。你还想得寸进尺?拉丁文课程之设置,真是为了他好。上课时间,他心安理得地偷偷用木头雕削船只。这时,你走了进来,发现了个"人才"(talent),打发他到木刻班。于是乎,一个闹着玩又会成为一门课程?你认为他会感谢你么?雕削船只的一半魅力在于这一事实,它带有对权威之抵抗。舍却这一乐趣,真正的民主政治无法存在。难道你也想剥夺他的这一乐趣?给他的癖好打分,使之冠冕堂皇,最终糊弄此可怜孩子相信,他的闹着玩,也和其他正经工作一样,自有其聪慧之处。你知道其结果么?当他走出校门,步入现实世界,他注定发现真相。他或许会失望。因为你已经使得朴全之人①变为花花公子。他将憎恨处人之下(inferiorities)。然而要不是你,

---

① 原文为 this simple, wholesome creature,藉古人对"朴"、"全"之珍视意译。

处人之下根本不会使他恼火。揶揄嬉笑中的轻松愉悦，不受干涉的毅然决然，其价值就在于，它是草率计划的制动器（brake），是小公务员扰民习性的路边石（curb）。乱嚷"我跟你一样棒"（"I'm as good as you"）的妒意，从另一方面讲，正是法西斯之温床。你正在拿走这一面，助长另一面。民主政治要求，小人物不要把大人物太当回事；然而当所有小人物都认为自己就是大人物时，民主政治就会死亡。

7 记 梦[①]

A Dream

【译者按】藉记梦,谈家国危亡与个人自由问题。让渡自由,只为救亡。企图让一时让渡变为永久让渡者,可惩罚之。

【§1—6. 战争末期的种种怪象。P37—39】

我至今仍然认为(这都怪弗洛伊德们),是大白天的阵阵闹心,该为此梦负责。

那天一开始就糟。L来信,谈他已婚的姐姐。L的姐姐

---

① 《记梦》,原刊于《旁观者》杂志第173卷(1944年7月28日),第77页。

近几月内就要生了。是头胎,正值为此焦虑的年纪。照 L 说,现存法律要求——倘若"法律"一词还是一个合适字眼的话——只要他姐有个工作,就能得到一些家庭补助。她可以试着自己哺养和照顾孩子,但条件是她承担沉重家务;而家务之沉重又使得她无力照顾孩子,要是她勉力照顾孩子,那会把她累死。另一选择是,她可以得到家政帮助,条件则是她本人必须有个工作;但有了工作,又会使她顾不上孩子。

我坐下来写信给 L。我说,他姐姐的情况的确很糟。可是,她又能指望什么呢?我们正处在生死之战中。那些有可能帮助他姐的女人,都被征调到更必要的工作上去了。刚写到这儿,窗外喧闹,我跳起来去看究竟。

是空军女兵辅助队(W. A. A. F.)①,又是空军女兵辅助队。不去使用打字机,拖把,水桶,炖锅,锅刷,却在举行庆典游行。她们有乐队。乐队里甚至还有一个女孩,学会模仿和平时期常规部队乐队指挥的滑稽动作。在我的脑海里,这并非这个世界上最贴合女性躯体的活动,但我必须说,她已经做得相当不错了。你可以看到,她训练时所受的

---

① 【原注】Women's Auxilliary Air Force.

无尽的苦以及所下的无尽工夫。就在这时,电话响了。

电话是W打来的。W这人,在最为必要的职位上,每天工作时间很长。空闲时间之短,娱乐活动之少,使得任何人和他的约会变得有些神圣不可侵犯。不记得有多少年,我在每月第一个星期三,都要陪他呆一个晚上,其原因就在这里。这是照玛代和波斯人的例。① 他打电话说,他这周三来不了。他在民兵团,他们排,今夜要全体(全都工作了一个大白天)出去操演——庆典游行。"周五怎样?"我问。不行。他们周五晚上要结队去听一场讲座,必须参加,讲欧洲事务。"至少",我说,"周日晚上在教堂会看到你。"没一点戏。他们排——我碰巧知道W是里面唯一的基督徒——要开拔到两英里外的另一个教堂,而W在教义上一直强烈反对这一教堂。"瞧瞧,"我有些恼羞成怒,"全部这些胡闹,究竟和你当初参加原先的地方自卫志愿军②的初

---

① 原文 It is a law of the Medes and Persians,英语习语。意为雷打不动,不可更改。

② 【原注】地方自卫志愿军(the Local Defence Volunteers),于1940年5月,为17岁至65岁之男性而组建。其目的是对付德国伞兵。1940年12月,更名为民兵团(Home Guard),1941年开始征兵。(亦可参《毕林普恐惧症》之脚注)

衷有何关系?"可是,M挂了电话。

最后一次打击,来自那晚的活动室(Common Room)。一个影响颇大的人物列席其中,我几乎可以肯定他在说:"战后,当然我们应当保留某种征兵制度。但它并不必然与作战有关。"就是此时,我溜了出来,上床睡觉,就做了这个梦。

【§7—11. 记梦:只为危亡让渡自由。P39—40】

我梦见,我们一伙人买了一艘船,雇了船员船长,出海。我们给她取名"家国号"(State)。暴风雨来袭,她开始疲于应对,直到最后听到一声高呼:"全都去泵房——船主,还有所有人!"我们都通情达理,不至于不响应号召。而且以最快速度立下字据说,我们将全体出动,并请允许我们在泵房编成一个个班。任命了几位海军消防士官来教我们如何工作,同时也监督工作。在我的梦里,甚至从一开始,我就很不在乎这些上流人士的脸色。然而在这样一个时刻——船几乎要到水面以下了——谁还敢开这么大的玩笑? 日以继夜地在泵房工作,我们发现这工作真是辛苦。上帝怜悯我们,我们终于使她浮了上来,并始终确保她头在水面之上,直到天气新近变好。

我并不认为,我们任何人那时都期望,水泵班就应当时就地解散。我们知道,风暴可能还没有真正过去,所以最好还是有所准备。当我们发现游行还真不少时,我们甚至并未抱怨(或者不大抱怨)。可是,海军士官让我们参加游行时对我们所做的那些事,却着实令我们心碎。他们没教我们如何抽水如何把绳,甚至也没教我们可以救我们或他们性命的任何东西。这或许是因为没有更多东西需要去学,或许是因为士官不懂。他们开始教我们乱七八糟的东西——造船史,美人鱼的习性,如何跳角笛舞,如何吹笛子,如何嚼烟草。直到目前,海军消防士官(尽管真正的船员嘲笑他们)已经变得非常非常的航海科班,他们除了说"妈的"①或"停船"或"拴牢"之外,不再开口。

后来有一天,在我梦里,一个士官泄露了机密。我们听见他说:"我们当然要留下这些义务兵,以备下次远航。但是他们并不必然要做跟泵房有关的工作。因为,妈的,当然

---

① 原文为"Shiver me timbers",是古时海盗的口头语,表达震惊恼怒等情绪,略等于汉语中的"妈的"、"见鬼"。这里的 shiver 代表让一艘船的船木"破碎"或"支离破碎"。颤抖的船木这个说法是指船只搁浅或者被重炮击中之后桅杆产生的剧烈震动。

我们知道再不会有风暴了,明白不?然而一经控制了这些傻帽,我们就不会让他们再溜回去。现在是我们的机会,把船弄成我们想要的这种样子。"

可是海军消防士官注定失望。因为船主(就是梦里的"我们",你知道的)答话了:"你说什么?失去自由却得不到安全?为什么?仅仅是为了安全,我们才让渡全部自由。"这时有人高呼:"看见陆地了!"船主们齐心协力,揪住士官的后颈和裤臀,纷纷扔过船舷。我声明一下,在清醒时间,我不会赞成此举。但是梦中心灵令人遗憾地不道德,所以在梦中,当我看到所有这些多事的家伙,扑通扑通落入蓝色海水时,我就什么都不能做只能笑。

惩罚就是,笑声把我弄醒了。

8　毕林普恐惧症[①]
Blimpophobia

【译者按】"毕林普恐惧症",是路易斯新造的一个词,似指二战时期英国民众对军人尤其是长官的恨。他认为,这种恐惧症会导向和平主义再导向战争。路易斯不是一个和平主义者,但也不是好战分子。敌军入侵,他会欣然从军。一旦敌退,则不再让渡自由。本文与《记梦》,是姊妹篇。

---

① 《毕林普恐惧症》,原刊于《时代与潮流》杂志第 25 卷(1944 年 9 月 29 日),第 596 页。

【§1—3. 从毕林普恐惧症到极端和平主义乃通往战争之路。P41—42】

倘若有人问未来的历史学家,请他指出两次大战之间英国性情最典型的表述,他会毫不犹豫地回答:"毕林普上校。"①没有漫画家可以在真空工作。一个民族在接受戴维·洛②先生提供的这种讽刺之前,它必然处在某一心灵状态。我们都记得,这种心灵状态

---

① 【原注】戴维·洛(David Low, 1891—1963),1926—1949年供职于《伦敦旗帜晚报》(*Evening Standard*)。他刊于此报上的漫画,为他赢得广泛赞誉。他最为著名的创作,就是"毕林普上校"(Colonel Blimp)。毕林普上校是一个秃顶的、卵圆形的老绅士,说些自相矛盾的格言。他已经成为洋洋自得的反动主义(reactionary)糊涂蛋的典型。

【译注】作为政治术语reactionary,汉译"反动主义者"。美国学者利昂·P.巴拉达特的《意识形态:起源和影响》(张慧芝译,世界图书出版公司,2010)解释说:"期待看到现存秩序反转,并且偏好以先前的政治制度取代现存体系的人士。"(第332页)

② 戴维·洛爵士(Sir David Alexander Cecil Low,1891—1963),新西兰出生的英国记者,当代最伟大的政治漫画家和讽刺画家之一。自学成才,11岁向报刊投稿,17岁当专业画家。1919年应邀赴伦敦工作。其著名画作《毕林普上校》乃对右翼政见之讽刺。二战之前及期间,其政治漫画达到顶峰,赢得世界声誉,甚遭希特勒嫉恨。(参《不列颠百科全书》第10卷235页)

是什么。我们也记得,它导向什么:它导向慕尼黑①,经过慕尼黑直达敦刻尔克②。我们与其谴责戴维·洛先生(或张伯伦先生③甚至鲍德温勋爵④),不如谴责自己。我们所有人,除极少数例外,都有罪责。而且我们所有人,在某种程度上,都为此买单。

关于此心灵状态,可以给出很多原因,而我这里只提请注意其中可能遭受忽略的一个。全民感染"毕林普恐惧症"

---

① 慕尼黑(Munich),德国第三大城市,仅次于柏林和汉堡。乃纳粹党之发祥地。1933年,纳粹党执掌德国,慕尼黑再度成为纳粹据点,被纳粹称为"运动首都"。1938年9月,德意英法四国首脑希特勒、墨索里尼、张伯伦和达拉第在慕尼黑签署《慕尼黑协定》(Munich Agreement)。英法两国为避免战争,采取绥靖政策,赞成将捷克斯洛伐克以德语为主的苏台德区与德国合并,以满足希特勒的第三帝国的愿望。(参见《不列颠百科全书》第11卷451—452页)

② 敦刻尔克(法文:Dunkerque),法国东北部靠近比利时边境的港口城市。因1940年发生在这里的敦刻尔克战役和英法军队大撤退而闻名。1940年5月英法联军防线被德军突破,英军败退到法国北部敦刻尔克地区,面临全军覆灭的绝境。英军33万多人于5月29日至6月4日间撤回英国,史称敦刻尔克大撤退(Dunkirk Evacuation)。因此Dunkirk一词,在英文中随之就有"困难局面"、"仓皇撤退"之义。(参维基百科)

③ 张伯伦(Arthur Neville Chamberlain,1869—1940),1937—1940年出任英国首相。其名字乃二战前夕对纳粹德国实行绥靖政策的同义语。(参《不列颠百科全书》第4卷29页)

④ 鲍德温(Stanley Baldwin,1867—1947),英国保守党政治家,曾三任英国首相。其继任者为政治盟友张伯伦。鲍德温连同张伯伦与麦克唐纳三任首相,常被认为要对第二次世界大战爆发之前,英国采取绥靖政策、不做充分军事准备负责。(参《不列颠百科全书》第2卷163页)

(*Blimpophobia*)几乎不大可能,但是有个事实——曾在上次大战中服过役的人,十有七八,最终是恨正规军胜于恨德国人。与我们对高级军官、对副官、对军士长、对女兵以及对护士长的根深蒂固的憎恶相比,我们对德国兵的憎恶,时断时续且相当温和。由于我深知二者(既关于恨又关于军队),所以,回首我复员之时的心灵状态,我感到恐惧。我担心,我当时把高级军官和军事警察看作是人类大家庭之外的造物。

在这一点上,我当然大错特错。对其亲历者所造成的印象,甚至不应归咎于上次战争的整个战争机器。本文之目的不在于还以公正,而在于提请我们注意一个危险。我们从过去二十年的经验得知,那种怕这怕那(terrified)而又愤激的(angry)和平主义,是通向战争之路。我是要指出,憎恨那些因战争而凌驾于我们之上的人,就是通向那种怕这怕那而又愤激的和平主义之路。因此——这是个明明白白的三段论——这种恨孕育战争承诺。一个因毕林普恐惧症而抽搐的国家,将会拒绝做出必要防备,因而鼓励其敌人攻击她。

【§4—6. 毕林普恐惧症之病因。P42—44】

当前形势下的危险是,我们的长官已经翻倍。当此之时,长官不只是高级官员和军事警察,还有国民自卫队(Civil Defence)、民兵团(Home Guard)的长官,如此等等。迹象已经出现,即便不是痛恨他们,也至少有一种焦虑,生怕他们在第一可能的时间却决不退位。角力因此而来。即便已无必要,那些希望无论如何都要继续控制其同胞的人,总要说他们这样做是出于安全考虑。而我要说,所有这些长官尽早消失,才是安全之要求。

假如他们的权力把持过久,或者说在继续把持时滥用权力,那么,他们将是自彼得卢①时代以来,最遭同胞仇恨的英国人。戴维·洛先生——以及戴维·洛先生的后继者——将会把他们的漫画像印刻在我们心里。那时,当然就不再是毕林普上校。可能会是马雷斯-内斯特先生②。我想,他可能是退休生意人。他才智平平,发现自己度日如年;他乏味之极,在邻里乡党之中无足轻重。漫画几乎自动生成。我们看见马雷斯-内斯特先生在民兵团步步高升。

---

① 【原注】1819年8月16日,曼彻斯特圣彼得广场,骑兵冲散要求改革之集会群众,导致11人死亡,约600人受伤。彼得卢(Peterloo)一词(讽刺性袭用滑铁卢一词)指这次事件。

② 马雷斯-内斯特先生(Mr Mares-Neste),是路易斯虚构的一个人物。至于为何如此命名,译者暂时不知。

我们看到那些没完没了又毫无用处的列队游行，如何惹其聪明乡里之厌烦，又如何对于他宛如天赐：这里他有事可做，他据以自重。我们看到他在做那些根本不准正规军官做的事情，冬天让人不穿大衣游行，只有他自己例外；战争期间，他却操演队列。我们看到他蠢蠢欲动拥抱神权政体（theocracy），他热衷于宗教游行，尽管他自己可能根本不知基本教理。

荒唐绝伦的画面，你会说？我也满心希望它荒唐。但是，我们的长官之威权，只要得到不必要的延续，或者只要遭到最轻微的滥用，就会很快将这一自由国度带向将此画面信以为真的那种心灵状态。那时，将无可挽回。所有真正的必要的安全措施，将会被"盖上"马雷斯-内斯特先生的烙印。恨不得把他一扫而空的那种反感，愤急之下，也会拒绝任一强制兵役方案。假如你想让一个人拒绝苦口之良药，那么，最保险的途径就是，让他日日服用无用之苦药。

【§7. 只为危亡让渡自由。P44】

文明之未来依赖对此问题作何解答："一个民主政体可否在和平时期拥有军队？"假如对此问题之答案是"不"，那么,民主政体最终将被摧毁。但是在这里,"拥有军队"意指"拥有有效军队"。拥有强大海军、空军以及合理规模的军队,生死攸关。假如离开兵役,就无法拥有,那么,就必须承担兵役。为图国家之存,我们准备承受自由之失去。但是因旁事而失去自由,我们则并不准备承受。假如中断我们的自由,建立的不是真正军队,而是马雷斯-内斯特先生执掌的常规民兵团,那么,说句实在话,我们不能忍受。假如我们付了钱,那么我们就要坚持得到货物。假如我们没有得到货物,那么任何人也不要做梦,让我们继续付钱。这就是我们当前的立场。危险就在于,假如你把马雷斯-内斯特先生过久地强加于我们之上,你将使得任何名义的兵役,不但遭人憎恨,而且遭人鄙视。这样,我们为真正货物付钱的那点准备,将无影无踪。劣币驱逐良币①。官老爷使有效权威失去信誉。常备(或延期的)民兵团,会驱使我们走向狂热的反官长制(anti-officialdom),并由此狂热走向解除全

---

① 劣币驱逐良币(Bad money drives out good),亦称"格雷欣法则"(Gresham's Law)。此法则说明劣币将良币逐出流通领域。换言之,如果发行同一面额的两种货币,具有的保证却不相同,那么就只有保证价值较小者在该国流通。(参 D. W. 莫法特:《英汉经济学词典》,王连生等译,中国社会科学出版社,1989,第184页)

部武装,再由解除武装走向第三次大战。①

---

① 【原注】1940年5月14日,陆军大臣安东尼·艾登通过广播号召17—65岁之间的所有人,报名参加名为"地方自卫志愿军"(Local Defence Volunteers)的组织。其最初目的是为了对付德国伞兵。一个月内,这一新的军事力量就有150万之众。1940年7月,首相丘吉尔,更其名为民兵团(Home Guard)。1941年开始征兵,那年12月,路易斯开始在民兵团供职。很多人都以晚间游行和训练为乐,带着东拼西凑的武器——散弹猎枪,高尔夫棍,拐杖。时不时地,抓德国鬼子的狂热,就演变成了围堵任何碰巧夜间外出之人。其结果是,很多人声言,他们怕民兵团胜过怕德国人。1944年12月3日接到命令停止活动,路易斯心中颇为宽慰。那天,国王乔治六世在海德公园接受敬礼之时,接见了一个代表团。晚间,国王通过广播,代表国家对民兵团之"忠贞"致谢。

9　大兵贝茨[①]
Private Bates

【译者按】士兵不信长上，乃正常现象。即便英明勇武如亨利五世，亦有殊死杀敌的大兵贝茨对之冷嘲热讽。现代知识人不必为报纸上的士兵不信长上的消息大惊小怪，真正应感到震惊的是普通士兵的世故，是道德义愤的缺失。知识人往往以为老百姓会被报纸左右，殊不知，最容易被报纸左右的恰好是知识人。

---

① 《大兵贝茨》，原刊于《旁观者》杂志第173卷（1944年12月29日），第596页。

【§1—2.大兵贝茨与今日英国或许相关。P46】

把戏剧人物从其背景中拿出来,而述其生平,仿佛他们就是真实人物似的——我作为一个批评家,无此习惯。然而此刻我却有一个特殊理由——并非文学理由——从《亨利五世①》中撷取一个人物。他就是大兵贝茨。

在某方面,大兵贝茨与现役军人都有个好运道。他们所侍奉的国家领袖,都是个英雄坯子,且有着杰出口才。莎士比亚笔下的亨利,就像我们当今之首相②,是个鼓舞人心的主帅。他的"战地动员",竭尽莎士比亚之所能,这就意味着,那是战地动员之极致。基本没有人会想,现役军人还能听到更好的。③

---

① 《亨利五世》(*Henty V*)刘炳善中译《导言》:
亨利五世是伊丽莎白时代英国人心目中的民族英雄。当时,英国在1588年战胜西班牙的"无敌舰队",取得了海上霸权,这一胜利激发了英国人的爱国热情,使他们对本民族的历史产生强烈的兴趣,历史剧就应运而生、繁荣发展。亨利五世在上一个世纪的阿金库尔一战,指挥以农民弓箭手为步兵主力的英军,以少胜多,打败了装备精良、人数五倍于英军的法国贵族骑士大军。对于伊丽莎白时代的伦敦市民来说,亨利是象征民族凝聚力的近代历史人物,他也是莎士比亚心目中的一位"理想君主"。(《莎士比亚全集》第四卷,译林出版社,1998,第215页。)
② 【原注】丘吉尔(Winston Churchill)。
③ 《亨利五世》第四幕第三场,阿金库尔战役前夕,兵力悬殊,英军只有五千,法军乃英军之五倍。威斯摩兰伯爵感喟说:"啊,今(转下页注)

【§3—5.亨利五世在前线亦遭冷遇。P46—48】

莎士比亚明白展示了,这一精彩宣讲在约翰·贝茨身上产生什么效果。阿金库尔战役前夕,他被告知,亨利王本人誓死坚守阵地。贝茨不为所动。他答复道,尽管是个寒冷夜晚,但他敢打赌,国王也宁可浸泡在泰晤士河里,哪怕河水齐到脖子,他也不会在阿金库尔前线坐以待毙。他接着补充说,假如国王真的情愿在此坐以待毙,那么他约翰·贝茨真心希望国王自个留守,让明智的小伙子们回家。① 他

(接上页注)天在英格兰闲着没事可干的人,能有一万名到我们这里来就好了。"这一感叹,显然很是动摇军心。亨利王这时发表了戏剧中最为激动人心的一段战场动员:

是谁有这样的愿望啊? 我的威斯摩兰老弟? 不,我的好老弟。如果我们注定要战死,那么我们使国家遭受的损失也就够多了。如果我们不死,人越少,分享的荣誉就越大。凭上帝的意旨吧! 我请求你,不要希望再增加一个人了。天神在上,我是不贪图钱财的,谁拿我的钱去吃喝,我并不在意,有人穿走我的衣服,我也不心疼。这些身外之物,我都不放在心上。但是,如果贪图荣誉是一桩罪恶,那么我就是世上最有罪的人了。不,说实在的,老弟,不要希望再多来一个人了。上帝啊,为了实现我最美好的希望,我可不愿意再多一个人来夺走我这个极大的荣誉。啊,不要希望再多来一个人了。……

① 《亨利五世》第四幕第一场,亨利五世化身士兵,巡查阵地。士兵贝茨这样说国王:"他尽可以装出勇敢的样子,但是我相信,他也宁愿让自己齐脖子泡在泰晤士河里。我真希望他能在那里,我就在他身边,不管后果如何,只要我们能离开这里。"

化身为小兵的亨利王说:"真的,对于国王我要说一句良心话:我认为,他除了眼前这个地方,不会希望跑到任何别的地方去。"(转下页注)

还被告知说,国王的"事业是正当的,他的作战理由光明正大"。① 换用现代语言来说,我们为文明而战,为打败野蛮而战,为捍卫民主而战。

另一个士兵威廉斯当时正在一旁跺脚取暖,冷眼旁观,不置一词。这时他插嘴进来。说的那话,在我看来就相当于伊丽莎白时代的"比方说你"或"噢耶"。他实际说的话是:"这就不是我们所能知道的了。"②"对极了",贝茨咆哮道。可他又接着说,这不是他们分内之事。他们不得不服从命令,战争是对是错,是国王操心的。③ "那么国王的头上可就有一大笔账要算了",士兵威廉斯说。其后,对话就转到类似战后政策及向战士"兑现"承诺的事情上去了。国王承诺说,他绝不会向敌人献上赎金。"嘿,承诺",威廉斯

(接上页注)贝茨说:"那么我希望他一个人留在这里。这样,他一定会拿出钱来赎他的生命,而许多穷人的命也可以保住了。"(《莎士比亚全集》第四卷,译林出版社,1998,第 284—285 页)

① 【原注】《亨利五世》第四幕第一场,第 134—135 行。
【译注】见中译本《莎士比亚全集》第四卷,译林出版社,1998,第 285 页。

② 【原注】《亨利五世》第四幕第一场,第 136 行。

③ 威廉斯是在说,战争正义与否,不知道。贝茨答话说:"嘿,这也不该让我们去追究,因为我们只要知道自己是国王的老百姓,也就够了。如果他的作战理由不对,我们只是服从国王,不担什么罪名。"(中译本《莎士比亚全集》第四卷,译林出版社,1998,第 285 页)

挖苦道,"等到我们脑袋掉了,他也许就拿钱去赎自己的命了,而我们可稀里糊涂地死了。"①这下激怒了当时在场的唯独做过严肃战地动员的那个人,于是发生一场口角。士兵贝茨看不下去。"和好吧",他厌倦地说,"你们这两个英国傻瓜,和好吧。咱们跟法国人的争斗已经足够了,如果你们识数的话。"②

假如没有留意当时在场的另一个士兵考尔特,就离开这一场,那将是个遗憾。他什么都没有说。让他在场之目的,就是什么都不说。没有这样一个沉默人物,任何前线对话都不完整。他什么都没有说。他知道,那时说什么都无益。多年以前,战火初燃,他的幻想开始破碎之时,他就不再说话:或许是抛家从军时给他的承诺破灭之后,或许是他发现法军与他们接受的教导大不相同之时,或许是在仓皇撤退途中他却意外看到一张报纸说他们正在前进。

【§6—7. 无须为士兵想什么而小题大做。P48】

关于亨利五世之时的英国士兵,莎士比亚当然不会比我们知道得更多——或许还更少。但是他了解伊丽莎白时

---

① 中译本《莎士比亚全集》第四卷,译林出版社,1998,第287页。
② 同上书,第288页。

代的士兵。对于近来好些人为之不平的问题,"士兵怎么想?"这一问题,莎士比亚在这一场给了回答。他的回答是,在打败"无敌舰队"之后所谓的伊丽莎白"光辉"岁月里,士兵认为头领所说的一切都是"眼药水"。报纸专栏新近所说的现代士兵的怀疑主义或"愤世嫉俗",依莎士比亚,对伊丽莎白时代的士兵也同样真实。而莎士比亚对此并未感到特别不安。这一场不是出现在讽刺剧中,而是在写"著名胜利"的英雄戏剧和爱国戏剧之中。

莎士比亚的证词提示我们,我们当前对"士兵怎么想"的不安,不是由于当今士气低落,也不是由于评论员的恶意或失职,而是由于这一事实:战争形势之急转直下容许,更确切地说强迫,受过更多教育(也更可信)的阶层中的一些成员,去仔细看看这一国家的人民大众到底是怎样,以及曾经一直是怎样。他们之所见令他们震惊。可就其本身而言,它并非糟糕透顶。它可能是更好,也可能是更糟。

【§8. 道德义愤之缺失才令人震惊。P48—49】

最近几年,我在挤满现役士兵的三等车厢(或走道),度过很多时光。在某种程度上,我也感到震惊。我发现,这些人几乎全都毫不迟疑地不信,报纸关于德国人的波兰暴行的任何报道。他们并不认为这事还值得一议:他们用"宣传"(Propaganda)一词,就把这事给全部打发掉了。这并不令我震惊。令我震惊的是,义愤(indignation)完全缺席。他们相信,他们的统治者在做我以为最邪恶的事——就子虚乌有的暴行撒谎,播下了未来暴行的种子。然而,他们没有感到义愤:在他们看来,这就是人们预期之中的一种运作(procedure)。

【§9. 容易上报纸之当的,乃知识人。P49】

我想,这令人气馁。然而整幅图景却并不令人气馁。它要求我们彻底改变我们的一些信念。我们必须去除我们的傲慢假定:群众可以被牵着鼻子走。据我所知,恰恰说反了。唯一真正会上自己所钟爱的报纸的当的,是知识人(*intelligentsia*)。① 正是他们,在读头条文章;穷人都在读体育新闻,报纸里体育新闻最真实。你是否喜欢这类境况,

---

① 在《黑暗之劫》(杜冬冬译,译林出版社,2011)中,路易斯借黑暗势力警察头目之口说:"你这个傻瓜,正是受教育的读者才会被欺骗。不好骗的都是别人。你什么时候看见过有相信报纸的工人?工人都毫不犹豫地相信报纸都是宣传,从来不看头版。他买报纸是为了看足球比赛的比分,以及姑娘摔出窗外,梅费尔的公寓发现尸体这类花边新闻。这样的工人们才让我们头疼。我们不得不调教他。但是受过教育的智识公众,那些读精英周刊的人,却不需要调教。他们已经调教好了,会相信一切事情。"(第96页)路易斯对报刊等现代传媒,甚为警惕。亦可参见本书导言第一段。

端赖于你的视角(views)。如果你是个规划师(Planner)①，或者是一个怀揣万能药方欲令国家齐心协力的人，那么这就难为你了。你的航船将搁浅在英国人民之不信任上面，那古老的、半怀好意的、不大走脑子的、冷嘲热讽的不信任。如果你不是个规划师，那么，这种雷打不动的怀疑主义，这种幽默，这种不抱幻想的耐性(几乎是用之不竭的耐性——"与上帝之可怕的耐性多么不同!")，对民族生命来说就并非一个特别糟糕的基底。然而我想，真实结论就是，千万人中士兵贝茨的存在，应当既浇灭你的希望(hopes)也平息你的恐惧。正是他，使得这块岛屿上不可能发生非常坏或非常好的事。当一切都说过并且做过之后，他还是在阿金库尔战场上痛打法国骑兵。②

---

① 在路易斯笔下，Planner一词常常大写，意指那些想为人类规划全新未来的一批人。对于此等僭妄，详参拙译《人之废》(华东师范大学出版社，2015)第2章。

② 士兵贝茨撒完怨气之后，最后还是说："我并不想叫他为我负什么责任，但我还是下决心为他拼命打仗。"(中译本《莎士比亚全集》第四卷，译林出版社，1998，第287页)

10　快乐哲学[①]
Hedonics

【译者按】快乐哲学不同于快乐主义。往事固然真实,回忆往事之甜蜜也真实。只承认我们通常所谓的真实,只会有快乐主义;体认在此之外的另一重真实,则会有快乐哲学。魔法橱背后是否有纳尼亚,端在一念之间。现代世界多快乐主义而少快乐哲学,是因为现代人太过现实,太过精明。这样的现实主义,是冒牌的现实主义,是个牢笼。步出此牢笼,方知俗常所谓快乐(pleasure)、幸福(happiness)之上,尚有喜乐(joy)。

[①]《快乐哲学》("Hedonics"),原刊于《时代与潮流》杂志第 26 卷(1945 年 6 月 16 日),第 494—495 页。

【§1—2. 自述平素之我：人人自有固陋之处。P50—51】

有些快乐，几乎不可能得到解释，也难于记述。我乘地铁从帕丁顿去哈罗时，就曾亲身经历。是否能够成功地让它对你变得可以想象，对此我没有把握。有把握的是，我的唯一成功机会，端赖于从一开始就让这一事实给你留下印象，即我就是人们通常所谓的乡巴佬。除了在上次战争中，我在一家伦敦医院做短暂停留外，我从未在伦敦居住。其结果是，我不仅对伦敦所知甚少，且不曾学会视其为普通地方。访友返回途中，我一头扎进帕丁顿地铁站，并不知道重见天日之时，是在通向宾馆的楼梯里，还是在离开站台不远的别处。就我而言，"听天由命"吧。我不得不做两手准备，就像我们不得不对起雾、下雨或日晒做好准备。

然而所有伦敦人，对郊区一无所知。瑞士小屋或梅达谷①之于我，即便不与乌兹别克斯坦的撒马尔罕（Sa-

---

① 瑞士小屋（Swiss Cottage）现属伦敦自治市卡姆登（Camden）。梅达谷（Maida Vale，又译"梅达韦尔"）是一个居住区，现属伦敦"自治市"西敏市（City of Westminster）。二者现均属大伦敦（Greater London）之"内伦敦"。路易斯本文所说的伦敦，专指大伦敦之核心地域伦敦市（City of London），故而此二地算郊区。

markand)或扎达尔的海洋风琴(Orgunje)齐名,也堪与加拿大的温尼伯(Winnipeg)或俄罗斯的托博尔斯克(Tobolsk)比肩。① 这是我的快乐中的首要因素。启程去哈罗,我最终要顺着地洞进入的那个神秘地区,名叫伦敦,却又全然不像乡巴佬所了解的伦敦。我要去的那个地方,街上或巴士上遇见的伦敦佬就从那里出来,也都要回到那里。因为伦敦市中心,就居住一词之深意而言,难以居住(hardly *inhabited*)。人们呆(stay)在那里(我推断,那里有宾馆),但是很少有人生活(live)在那儿。我要去的地方,它是个舞台。演员化妆室、休息室、整个"幕后世界"都在别处。

【§3—4. 学着欣赏他人:静观之乐。P51—52】

也许我必须费点劲让你相信,我并非在冷嘲热讽。我求你相信,所有那些"溪谷"和"树丛"和"公园",在伦敦人眼中稀松平常,在我听来却具有魔力。我一直没能够理解,为什么住在郊区就显得可笑或可鄙。我确实曾断断续续尝试数年,企图完成一首诗。然而这首诗(就像我的许多诗作一

---

① 原文只有地名,并无国名,为方便汉语读者理解,译者在地名前添加国名。

样)一直没有超过两行:

谁讨厌乡下人
"我。"搭话的是上等人

确实,伦敦佬要能最终理解我的感受,只有一条路。只明白一会伦敦在我眼中的样子,要是这会给他带来快乐,那么,这种快乐——换个角度看事物所带来的快乐,也是镜子的魔力所在——恰恰就是我从郊区人的观点得到的。因为去思考它们,就是去思考,像伦敦这样对我来说不像家(unhomely)的地方,对其他人来说恰恰就是家。整个图案被翻了个里朝外,头朝下。

我的旅程开始时,正值傍晚。火车上坐满了归家人,但并不拥挤。重要的是我坚持认为——你一会儿就知道为什么——我对他们并未产生错觉。假如有人那时问我,我是否假定他们特别善良、特别幸福或特别聪明,我会毫不讳言,答个"不"字。我深知,他们要回的家,也只有不到一成的家,会免于坏脾气、嫉妒、厌倦、悲伤或焦虑,即便只是一个晚上。然而,花园门铃叮咚、打开前门、客厅里的不可名状的家庭气息、挂帽子,都情不自禁地走进我的想象,还伴随着那依稀记得的一段音乐的全部柔情。在他人的人伦日常中,有一种非凡的魅力。每幢灯火升起的房屋,从马路上去看,都神秘迷人(magical):他人花园里的婴儿车或剪草机,从厨房窗户飘出来的香味和炒菜声。我并不是想对自己的家庭生活,做廉价嘲弄。这种快乐,又是"玄鉴之乐"(mirror pleasure)①——快乐来自于置身事外看他人身处其中者,同时又意识到你置身事外。有时候,我们把这个游戏倒过来玩。

【§5—6. 美,并非强加,而是邀请。P52—53】

这时,又来了其他事情。列车继续前行,格外迷人的是我们仿佛要冲入晚霞,虽然仍在深深的山谷——仿佛列车在大地之中游泳,而不像真实列车那样行驶地面或像真实地铁那样钻着地洞。迷人的还有列车停靠站点时突如其来的宁静,我从未听说过的站点,停的时间还蛮长。那种新奇

---

① mirror pleasure 意译为"玄鉴之乐",出于两点考虑:一则路易斯所谈 mirror,已大有深意;二则中国古人常以"镜鉴"与"止水"为喻,比清明之心。如《淮南子·修务训》云:"诚得清明之士,执玄鉴于心。照物明白,不为古今易意。"高诱注曰:"玄,水也;鉴,镜也。"

(novelty)，就是坐在没有人群没有人造灯光的车厢里的那种新奇。然而我没有必要一一细数其所有成分。关键在于，其间所有这些事物给我构筑(built up)了某种程度的欢乐。我不能努力估量这种欢乐，因为要是我这样做，你会以为我在夸大其词。

可是，等一等。"构筑"用词不当。它们实际并未强加(impose)这种欢乐；它们馈赠(offered)欢乐——取与舍，我自由选择——就像远楼歌声，除非我们想听，否则不必去听；又像清风拂面，你置之不理是易如反掌。我们应邀臣服于它(One was invited to surrender to it)。奇怪的是，在我内心有个什么东西一个劲暗示，拒绝此邀请才算"明智"(sensible)；几乎还在暗示我说，我最好记得我要去做的事情我并不喜欢，返回牛津的路上将沉闷无聊。于是，我让里面的这个精明人(inward wiseacre)消停一会。我接受邀请——委身于这一轻柔、无声无息却又令人心旌摇荡的邀请。接下来的旅程里，我的状态只能称之为喜乐(joy)了。

【§7—8. 我们还有第二重生活：求则得之舍则失之。P53】

我记述这个，并非因为我认为：我的奇遇，正因为是我的,就具有什么普遍兴味(general interest);而是因为我揣想:几乎每个人,定将有过①同类遭遇。我们所过生活的实际品质——变动不居的心灵天气(the *weather of consciousness*)——与我们常常所谓的"真实"生活之间的联系,比我们通常所假设的,要么松散得多,要么微妙得多。——这难道不是一个事实?事实上是否有两重生活?在一重生活里所发生的事情,(假如我们是知名人士)我们的传记作家都会写,我们平素定其吉凶,我们因此而受庆贺和抚慰。但与此相伴,还发生着其他事情,那种伴随方式完全就像我们夜间透过列车窗户看到里面的黑魆魆的小隔间。我们可以选择视而不见,可是它一直奉送着(offers to come in)。巨大的快乐,无法言表,有时(假如我们粗心大意)甚至都没被认出或未被记得,从那个角落里涌向我们。

因此那难以理喻的欢乐(unreasonable happiness),有时给人惊喜,就在遵照所有客观法则本应最为悲惨的那个当儿。你会问我,难道它不也是有利有弊。不也有阴森而

---

① 原文是将来完成时 will have happened to most people,意在强调,我们定会有但是否会有却端在一念之间。

又可怕的访客（grim and hideous visitors）来自第二重生活——难以备述的阴郁，而当一切都过去了，我们才说"好了"？我想是有这种情况。可是，坦率地说，我发现它们数量要少得多。无由之欢乐要比无由之悲摧，更为经常。

【§9. 我们心中常有一个精明人。P54】

假如我是正确地认为，在我之外的其他人也经历过这种不期而遇的馈赠（offer），这种伊甸园的邀请，那么我也期望，我是正确地相信，他人也认识心里面的那个精明人（wiseacre），那个禁止你去接纳的狱吏（Jailer）。这个狱吏诡计多端。当他发觉你在可能忧虑的情境里却无忧无虑，他会努力说服你，只有开始忧虑，你才能"做对头"以化险为夷。一经细察，这十有八九最终都是胡话。而在另一些日子，他变得很道德：他说你那样感受是"自私"（selfish）或自满（complacent）——尽管在他控告的当儿，你正准备做力所能及的事奉（service）。要是他发现你的某一弱点，他会说你还"年轻"；对这句话，我经常回答说你年长得可怕。

【§10. 第二重生活也是现实。P54】

在这些日子里，他的长项是混淆问题。你要是由着他，他会声称,别人家的天伦之乐,乃基于幻觉(illusion)。他将不厌其烦地(他从不为证据发愁)向你指出,假如你走进其中任意一家房屋,你会发现形形色色的家丑。然而他只是想把你搞糊涂。那种快乐,不牵涉或者不需牵涉幻觉。远山苍苍。即便你靠近它,发现那种特殊的美随之消逝,它依然苍苍。15里之外看它苍苍这一事实,和其他事实并无差别。假如你要做个现实主义者(realists)那就让我们彻底地现实主义。① 童年时光的一些碎片,在40岁时因某些突如其来的气味或声音而勾起回忆,也给了他(40多岁时)一种几乎难以承受的快乐——这也是一种残酷的事实。和其他事实一样称得上事实。纵然没有任何东西可以诱使我回到14岁,但是同理,也没有任何东西能诱使我放弃那个普鲁

---

① 路易斯在《文艺评论的实验》(*An Experiment in Criticism*)第七章第1段就交待说,*realism* 一词,随论域不同,意思不同。在逻辑学领域(一般中译为唯实论),与其相对的是唯名论(nominalism);在形而上学领域(一般中译为实在论),与之相对的是唯心论(idealism)。其第三义体现在政治语言中,略带贬义:同样态度,在对手那边我们就称为"不择手段"(cynical),在我们自己这儿则改称"现实感"(realistic)。而作为文学批评的术语的 realism,一般中译为写实主义或现实主义。

路易斯认为,把现代以来的现实主义文学或艺术奉为唯一的现实主义,恰好是一种现代自大。神话或奇幻之作,就"忠于生活"而论,一点也不亚于现代的现实主义。详参《文艺评论的实验》第五至七章。拙译该书将于2015年由华东师范大学出版社出版。

斯特式的或华兹华斯式的异乎寻常的瞬间,在那一瞬间,部分之过去又回到我身边。

【§11. 现代的冒牌现实主义。P54—55】

我们已经拥有足够多的快乐主义,多得不能再多——那种阴郁的哲学说,快乐是唯一的善。① 然而可以称作"快乐哲学"(*Hedonics*)的东西,即关于快乐的科学或哲学,却几乎无人探讨。我主张,快乐哲学的第一步就是打倒狱吏(*Jailer*),从此之后把钥匙拿在我们手中。他已经主宰我们心灵达三十年之久,尤其是在文学和文学批评领域。他是一个冒牌的现实主义者。他以痴心妄想(wishful thinking)为名,控告所有神话所有奇幻所有传奇:使他闭嘴的唯一途径就是,比他更现实主义——每时每刻都侧耳倾听流经我们的生命的轻声细语,力求在此发现,一切颤栗(quivering)、奇妙(wonder)和(某种意义上的)无限,而这些都为

---

① 快乐主义(Hedonism)又译"快乐论"或"享乐主义"。《伦理学与生活》(蒂洛、克拉斯曼著,程立显译,世界图书出版公司,2008)一书解释Hedonism:"该理论认为快乐或幸福是生活中唯一本质的善或价值;如果一个行为带来最大量的快乐或幸福,只有最少的痛苦或不幸,那它就是合乎道德的。这是伊壁鸠鲁(利己主义)和边沁、密尔(功利主义)道德理论的基本原则。"(第454页)

那些所谓的现实主义文学所忽略。因为,那些给我们提供的体验最切近生命体验的小说,并不必然是其中事件都最像传记或报纸里的事件的那些小说。

11　要是没了自命清高[1]
After Priggery—What?

【译者按】 自命清高固然有自以为义之嫌。但是，假如我们弃绝自命清高，是降到它以下，而不是升在它以上，那么，路易斯就建议我们最好保持自命清高。否则，会使人对恶变得冷漠，使人迁就甚至养活无赖。路易斯以撒谎成性的报业人士为例，说明了在民主社会或所谓的宽容时代，自命清高多么珍贵。

---

[1] 《要是没了自命清高》，原刊于《旁观者》杂志第175卷（1945年12月7日），第536页。

【§1. 缘何警惕自命清高。P56】毫无疑问,自命清高是我们应戒慎恐惧之事。自命清高越具道德意味,就越是可怕。因其贫、因其丑或因其蠢而回避某人,已经糟糕;然而,因他心术不正而回避——几乎不可避免地隐含着你自己心术颇正(至少在某些方面)——那就危险而且令人作呕了。不费吹灰之力,我们就可以展开此论题,而且想展开多长就有多长。自命不凡——自满——伪善——假正经——法利赛人和税吏的隐喻①……语言几乎会自说自话了。然而我发誓,我举笔维艰。

【§2. 拿什么取代自命清高？P56】然而真正的问题是,我们拿什么来取代自命清高？我们很早以前就接受教导,说私恶(private vices)即公益(public benefits)②。这意味着,当你去除一项恶习,你必须在其位置上放个德性(virtue)回去——一种能够产生同等公益的德性。所以,问题

---

① 税吏,新约时代在犹太人中替罗马收税的犹太人。他们以欺诈见称,被人轻视,视为卖国贼。
② 荷兰哲学家、政治经济学家及讽刺家伯纳德·曼德维尔(Bernard Mandeville,1670—1733),在其代表作《蜜蜂的寓言》(*The Fable of the Bees*)中提出了西方思想史上著名的曼德维尔悖论:"私恶即公益"(private vices are public benefits)。此书之中译本由中国社会科学出版社 2002 年出版,译者肖聿。

就不是割除自命清高,然后一走了之那么简单了。

【§3. 煽动家。P56—57】这些反思,因我们常常进行的一种谈话而起。假定有人告诉我,它曾与一位绅士共进午餐,这位绅士我们就叫他克里昂①吧。说这件事的人,是个老实人,也是个好心人。克里昂则是个心术不正的报界人士,他为了金钱散布谎言,借此谎言精打细算地制造嫉妒、仇恨、猜疑及混淆视听。至少这是我所相信的克里昂的为人。我曾抓住他撒谎。但是,就目前这一讨论来说,我对克里昂的判断是对是错,无关紧要。关键是,我的老实朋友对此毫无异议。他之所以提起这顿午餐,不是为了告诉我撒谎成性的克里昂臭名昭彰的习见事例,而是另有原因。

【§4. 煽动家比妓女更卑劣。P57】这就是我们弃绝自命清高之后,所处的位置。我的朋友相信,克里昂地狱般淫邪,但在饭桌上,他却以十足的友人之道招待克里昂。在一个自命清高或自以为义的社会里,克里昂所占据的社会地位可能和妓女差不多。他的社会交际只延伸到客户、同行、道德文明工作者及警察。的确,在一个既理性(ration-

---

① 在西语界,克里昂(Cleon)大名鼎鼎,乃古希腊政治家与军事首领。路易斯借用此名,是否大有深意,不得而知。

al)而又自命清高(假如这种结合可能出现的话)的社会,他的地位就会远远低于她。比起她所出卖的肉身童贞(physical virginity),他所出卖的灵智童贞(intellectual virginity),是更为宝贵的财富。他给顾客的快乐,比她的更卑劣(baser)。他将更危险的疾病传染给他们。然而我们都会和他一道进餐、饮酒、开玩笑、握手。更糟糕的是,只有极少数人克制自己不读他的文字。

【§5. 沦于自命清高之下的道德麻木。P57】把这种彬彬有礼归结于我们的仁心大发,很难说得通。我们与克里昂的关系,不是布道之修士或牧师与妓女,或救世军成员与妓女的那种关系。并非我们对恶棍的基督之爱战胜了我们对他的恨。我们甚至都不假装爱此恶棍;我在此生,还从未听到有人说过他好。然而对于其恶行,即便我们并不爱它,我们也只会一笑了之或耸耸肩膀。我们已经失去了感到震惊这一无价机能(the invaluable faculty of being shocked)——借此机能,成年男女才得以区分于野兽或儿童。① 一言以蔽之,我们并未迁于自命清高之上,而是沦于其下。

---

① 参本书第9章《大兵贝茨》一文第8段。

【§6.道德麻木不可小觑。P57—58】其结果是,克里昂一路顺风顺水。许多人要做出选择,要么因不诚实得此果报,要么因诚实得彼果报。而克里昂则发现,他可二者得兼。他可以乐享隐秘的权力感和持久满足自卑情结的甜蜜。与此同时,他又可以出入于老实人中间。在此情况下,除了克里昂们的数量有增无减,我们还能期望什么?这对我们必然是毁灭性的。假如我们想维系一种民主政治,那么他们则使得形成任何健康的公共舆论成为不可能。假如——但愿不会应验——极权主义威胁变成现实,他们将会成为政府最为残忍最为肮脏的工具。

【§7.重提自命清高。P58】因此,我提议,我们其他人必须着实返回那古老且又"自命清高"的习惯:不与这等人同流合污。我并非深信,我们这样做,就需要成为一个自命清高者。对我们的挑战将会是——克里昂本人可能在下个礼拜就会精于此道——因某人之恶行而冷遇他,我们就在宣称我们比他好。这听起来咄咄逼人,但是我纳闷,它不就是个芜菁灯①么?

---

① turnip ghost,万圣节时用芜菁雕刻的鬼面灯笼。

【§8. 就事论事。P58】假如我在大街上碰见一位朋友,他酩酊大醉,我会领他回家。我领他回家这一举动,隐含着我之清醒。假如你坚持认为,这隐含着这样一个声称:我那时在那一方面比他强一些。随你怎么说,铁打的事实是我可以直线行走而他不能。我一点都没有说,我总体上比他好(in general a better man)。或者再举个例子,比如在诉讼案件中,我说自己有理别人理亏。我宣布了我相对于他的特定优势。这时你提醒我说,他具有英勇、好脾气、无私等等之类品质,是离题万里。这可能是实情,我也从未否认。但这里的问题是,关于一块地的归属或牛践踏庄稼的问题。

【§9. 并非自以为义的清高。P58—59】于是在我看来,我们能够(而且应该)在每个俱乐部排斥克里昂、避免与他交往并联合抵制他的报纸,丝毫没有宣称相对于他的总体优越感(general superiority to him)。我们深知,他在万不得已之时,可能会比我们好。我们并不知道,经由何等步骤,他成为现在这种东西;我们也不知道,他可能曾经多么地努力去变得更好一些。或许是糟糕的遗传,或许是上学时不招人待见,或许是一些情结,或许是上次大战中的不良记录仍然在不眠之夜历历在目,或许是一项灾难性的婚姻。谁知道呢?或许是强烈而又真诚的政治信念,首先给他生出强烈欲望,即他这一方将大获全胜。这一欲望教导他去为了某一看似好的事业撒谎,然后一点一点地,说谎成了他的职业专长。上帝知道,我们没有说自己处在克里昂的位置,会比他更好。但是就此刻而言,不管是否其来有自——让我们不要让赞美歌声冲破屋顶——我们不是专业撒谎人,而他是。我们可能有成百劣迹,而他没有。但是就在这一特定事情上,假如你坚持,那么我们就是好过他。

【§10. 清高可抵制煽动家。P59】他做而我们不做的那件事,毒害整个国家。防止此一毒害,是当下要务。不可能用法律防止这一毒害。部分原因在于,我们并不期望法律有凌驾于言论自由之上的过多权力,部分原因则在别处。让克里昂闭嘴的唯一安全途径是,不相信他。法律不能做到的事情——而且法律也的确不应去做的事——可以让公共舆论去做。可以在克里昂周围划一条"防疫线"。假如除了克里昂们之外,没有人愿意读他的报纸,假如大大减少跟他的社会交往,那么,他的生意很快就会被削减到无害的比例。

【§11. 了解恶有可能成全恶。P59—60】不要去读——更不用说不要去买——一份你曾发现撒谎劣迹的报纸,看起来是禁欲主义的非常温和的形式。然而,践履之人却如此之少！一次又一次,我发现人们手持克里昂们的肮脏纸片。他们承认,克里昂是个无赖,但是"一个人必须跟上时代,必须知道人们在说些什么"。① 这正是克里昂让我们接受谎言的途径之一。这是个谬论。倘若我们必须去发现不良之人写些什么,倘若我们因而必须买他们的报纸,因而必须使他们的报纸存在,那么,谁看不见你所谓的了解恶之必要,正好成全了恶？无视一项恶,一般而论,可能危险。但是,假如一项恶因无视而消失,那么无视恶就没危险。

【§12. 学会无视恶。P60】然而你会说,即便我们无视它,其他人则不会无视。克里昂的读者们,并非全都是我所刻画的半心半意的老实人。一些读者和克里昂本人一样是无赖。他们对真理不感兴趣。的确如此。但是我并不相信,彻头彻尾的无赖的数量,足以载克里昂之舟。在当前这

---

① 这也是路易斯终生深恶而痛绝之的"时代势利病"(chronological snobbery)之一种。关于此病,参本书第5章《英语是否前景堪忧？》第5段之脚注。

—"宽容"(tolerant)时代,他得到的支持和补给,不仅来自无赖,更来自成千上万的老实人。尝试让他或无赖们孤立,难道会是浪费时间?我们可能要尝试五年。五年内对他置之不理。我怀疑,那时你是否还会发现他仍然猖獗。为什么不从今天开始,不再订阅他的报纸?

12　现代人及其思想范畴①

Modern Man and his Categories
of Thought

【译者按】本文从属灵角度谈古今之别。② 古人有而

---

① 《现代人及其思想范畴》在此首次刊表。此文原应史蒂芬·尼尔主教(Bishop Stephen Neill, 1899—1984)之请,为普世教会协会之研究部而写。仅存打印稿,写于1946年10月。当此之时,史蒂芬·尼尔主教任普世教会合一运动秘书,"生活与工作委员会"与"信仰与教制委员会"合流,于1948年在阿姆斯特丹正式成立普世教会协会(WCC, World Council of Churches,又译"世界基督教协进会"。它不是一个教会,不向各教会发布命令或指示。它谋求教会的合一与更新。1937年,设在爱丁堡的信仰和制度委员会和设在牛津的生活和工作委员会通过了建立单一机构的计划。因第二次世界大战之干扰,这一计划迟至1948年才得以完成,诞生了普世教会协会。[参《不列颠百科全书》第18卷308页])

② 本文讨论古今之变,可与路易斯的《论时代的分期》(文美惠译)一文对参。文载戴维·洛奇编《二十世纪文学评论》(下册),上海译文出版社,1993。

今人没有三个素质:1.相信超自然;2.相信罪及终极审判;3.古道立场。这使得今人接受基督教几近不可能。路易斯认为,发生这一古今裂变的原因,有六个:1.教育革命切断了我们与古代的联系;2.女性解放使得形而上学低能,切断了我们与永恒的联系;3.发展论取消了善恶标准;4.普罗主义使得无产阶级成为上帝;5.不关心真理,只关心实际;6.非理性思潮废弃理性。

【§1. 现代人很难归信。P61】尽管我们应当一如既往效法基督和祂的圣徒,但由于历史条件变化,我们不得不调整。我们不再用亚兰文传道,而施洗者约翰用;也不再有主来叫我们坐进宴席,祂亲自伺候。① 我们不得不做的最为困难的调整,在于如何面对不信者。

【§2. 古人有今人则无的三个素质:信超自然;罪感;古道立场。P61】最早的传教士,即使徒们,向三类人布道:

---

① 原文为 nor to recline at table because the Lord reclined。典出《路加福音》十二章 35—37 节:"你们腰里要束上带,灯也要点着。自己好像仆人等候主人从婚姻的筵席上回来。他来到叩门,就立刻给他开门。主人来了,看见仆人警醒,那仆人就有福了。我实在告诉你们:主人必叫他们坐席,自己来束上带,进前伺候他们。"

犹太人;犹太化的外邦人,它有个专名 *metuentes*(畏神者);异教徒(Pagans)。在这三类人中,他们能指望上一些素质(predisposition),而在我们的受众身上,这些素质却指望不上。这三类人都信超自然(the supernatural)。即便是伊壁鸠鲁学派,他们也信,尽管他们认为众神毫不作为。这三类人都意识到罪(sin),且害怕神的审判(divine judgement)。伊壁鸠鲁主义,正因为它许诺把人从这种恐惧中解放出来,才得以风行——只有声称能治四处泛滥的疾病,新药才会大获成功。神秘宗教(mystery religions)则提供了净化(purification)和解脱(release)。在这三类人中,绝大多数都相信,这个世界曾经一度比现在好。关于堕落(Fall)的犹太教义,斯多葛学派的"黄金时代"(Golden Age),以及众多异教敬拜英雄、祖先、古代立法者,从这个层面上讲,大同小异。

【§3. 现代乃断裂。P61】我们必须努力使之归信的这个世界,这些素质一个都没有。在过去的一百年里,公众心灵(public mind)发生裂变。在我看来,有这么几个前因,导致此裂变。

【§4. 教育革命使我们自绝于过去。P62】

1. 教育程度最高阶层的一场教育革命。以前,这一教育让整个欧洲奠基于古人（the Ancients）。如果说,饱学之士或是柏拉图主义者,或是亚里士多德主义者,那么,普通贵族则要么是个维吉尔,要么至少是个贺拉斯。如此一来,在基督徒及怀疑者中间,渗透着异教信仰（Paganism）的优秀成分。即便那些不大虔敬之人,也对"敬"（*pietas*）有某种同情理解。对于受过这种训练的人来说,相信在古书中仍旧能发现宝贵真理,就是自然而然的了。对于他们,尊重传统乃自然而然。很不同于现代工业文明的那些价值,常常呈现于他们的心灵。即便是基督信仰遭到拒斥的地方,也仍然有一个标准,可藉以评判当代理想。移除这一教育的后果就是,心灵被孤立,拘于它自己的时代。从时间角度看,心灵已患病,患的是从空间角度看叫作固陋（provincialism）的病。对于现代人来说,圣保罗的写作年代如此古远这一事实,就是极有说服力的证据,否证他说过重要真理。论敌的这种策略,简单易行,任何兵书中都能找到。在进攻某一军团之前,要是你能做到,就先切断其侧翼。

【§5. 女性解放使我们自绝于永恒。P62—63】

2. **女性解放**。（我当然并不是说,这本身是件坏事;我只是在考虑,它事实上导致的一个后果。)社会生活中的一个决定因素就是,一般说来(亦有数不清的个人例外),男人喜欢男人,胜过女人喜欢女人。因此,女人越是自由,清一色的男人聚会就越少。绝大多数男人,一经自由,往往退回到同性人群;绝大多数女人,一经自由,回到同性人群的频率相对较少。现代社会生活,比起以往,越来越是两性杂处。这可能有很多好结果,但也有一个坏结果。显而易见,它大大减少了年轻人中围绕抽象观念的严肃论辩。年青雄鸟在年青雌鸟面前,必然(大自然执意要求)展示其羽毛。任何两性杂处群体,于是就成为机敏、玩笑、嘲谑、奇闻的展示场。真是应有尽有,只是没有关于终极问题的持久而又激烈的讨论,也没有这种讨论得以产生的净友。① 于是,学生人数众多,形而上学低能。现在讨论的唯一严肃问题,都是那些看起来具有"实践"意义("practical" importance)的问题(即心理和社会问题)。因为这些问题,满足了女性之讲求实际和喜欢具体。毫无疑问,这是她的荣耀,也是她对人类共同智慧(common wisdom)的特有贡献。但是,男性

---

① 原文为 serious masculine friendships。直译实在别扭,不得已,意译为"净友"。

心灵(masculine mind)的特有荣耀则是,为了真理而无功利地关心真理,关心宇宙与形而上学。这一荣耀受到伤害。于是,就像前一变迁让我们自绝于过去(cut us off from the past),这一变迁则让我们自绝于永恒(cut us off from the eternal)。我们更加孤立,我们被迫局于当下与日常。

【§6. 发展论取消了善。P63—64】

3. 发展论或历史主义(Developmentalism or Historicism)。(我严格区分名曰历史的那门尊贵学科和那名曰历史主义的致命的伪哲学。)这主要发源于达尔文主义。达尔文主义,作为生物学原理,我并不认为基督徒有必要与之争论。但是我所说的达尔文主义,是引申出来的进化观念,已经远远超出生物学领域。事实上,它已经被采纳为关于实在的核心原理(as the key principle of reality)。对现代人来说,想必自然而然的是:有序宇宙当出自混沌,生命应来自无生命物,理性来自本能,文明来自野蛮,德性当来自兽性。在他的心灵中,这一观念得到很多错误类比的支持:橡树来自橡子,人来自精子,现代汽船来自原始小船。至于其互补真相(the supplementary truth),他则干脆视而不见:任何橡子都落自橡树,任何精子都来自人,第一只船作为天才之作,是由比它本身复杂很多的东西造出来的。现代心灵将"无中可以生有"①这一原理接受为一般的宇宙法则(as a formula for universe in general),而没有注意到我们直接观察到的那部分宇宙,讲述的则是一个相当不同的故事。这种发展论(Developmentalism),在人类历史领域,就成了历史主义(Historicism)。它相信,随意拣择几个我们知道的可怜的历史事实,就包含着对于实在(reality)的几近神秘的启示;我们的首要义务就是,把握这一"趋势"(Worden),它走哪里我们就跟哪里。我们会看到,这一观点与所有宗教都不相容。它倒是与某种类型的泛神论气味相投。它与基督教完全对立,因为它既否认创世(creation),又否认堕落(the Fall)。基督教说,至善(the Best)创造善(the good),善因罪而败坏(corrupted by sin)。而发展论则说,恰恰是善的标准,本身变动不居。

【§7. 普罗主义把上帝送上被告席。P64—65】

4. 姑且称为"普罗主义"(Proletarianism)。它体现为多种形式,一端是严格的马克思主义,另一端是含义模糊的"民

---

① 原文为 Almost nothing may be expected to turn into almost everything。这里全用意译。

主"。强烈的反教权(anti-clericalism),从一开始,就是大陆普罗主义的一个特征。据说(我想人们说得没错),这一元素在英国式普罗主义中,少见一些。但是,统合所有形式的普罗主义的一个事实就是,所有国家(甚至那些"右翼"政权)的无产者,多年来一直受到持续不断的恭维。其自然而然的结果就是:他们的自满程度,超过记录在案的任何贵族。他们深信,无论这世界有何过错,那也不是他们的错。对于任何罪恶,难辞其咎的必然是其他人。于是,一旦讨论上帝之存在,他们无论如何也不会认为祂是他们的法官。相反,他们是祂的法官。假如祂提出有理有据的辩护,他们将会考虑,或许还会判祂无罪。他们没有任何恐惧、愧疚或敬畏之感。从一开始,他们就想着上帝对他们的义务(God's duties to them),而不是他们对祂的义务(their duties to Him)。即便上帝对他们有义务,也非关救赎,而只是关乎世俗:社会安定,制止战争,更高生活水平。"宗教"全因是否对这些目标有所贡献而得评判。这就牵涉到了下一问题。

【§8. 讲求实际,使人不关心真理。P65】

5. 讲求实际(Practicality)。人变得像非理性的动物一样"实际"。在给普通受众作演讲时,我再三发现,基本不可能让他们理解,我之所以推崇基督教,是因为我认为其断言客观地真(*true*)。他们对真理还是谬误的问题,根本不感兴趣。他们仅仅想知道,基督教是否能"抚慰人心"(comforting),是否会"激动人心"(inspiring),是否对社会有用。〔在英国,我们在此则遇到特殊困难,因为普通说法"信"(believe in)有两个含义。(1)因为"真"而接受(to accept as true);(2)赞同(to approve of),比如,"我信自由贸易"。于是,当一个英国人说他"信"基督教或他"不信"基督教时,他可能根本不在想真理(*truth*)。颇为经常的是,他只是在告诉我们,他是否赞同作为社会机构的教会。〕与这种非人的讲求实际(unhaman Practicality)紧密相连的是,对教条(dogma)的冷漠与蔑视。流行观点是无意识的调和论调(syncretistic),人们广泛相信:"所有宗教其实都是一回事。"①

【§9. 非理性思潮废弃理性。P65—66】

6. 对理性的怀疑(scepticism about Reason)。讲求实

---

① 关于人不再关心真理,只讲求实际,可以参看路易斯的〈教条与宇宙〉(Dogma and the Universe),〈要么为人要么为兔〉(Man or Rabbit)二文,文见路易斯的《被告席上的上帝:神学及伦理学论文》(*God in the Dock: Essays on Theology and Ethics*,1970)。

际,再加上一些道听途说的弗洛伊德或爱因斯坦,就造就了一种一概而论且又相当从容的信念,即推理(reasoning)证明不了什么,所有思想都受制于非理性过程(irrational process)。在跟一位知识人(an intelligent man)论辩时(他并非知识界[Intelligentsia]之一员),我不止一次指出他所采取的立场,再逻辑推演一下,就导致否定思想的有效性。他理解了我的意思,也同意我,但是他并不认为这对其原初立场构成反对。他镇定自若地接受这一结论:我们的所有思想都无效(invalid)。

【§10. 一个怪想。P66】在我看来,这就是现代精神气候(metal climate)的主要特征,现代传道人(evangelist)不得不在其中工作。对它盖棺定论的一个方法就是我偶尔会有的一个想法。我在纳闷,我们让人归信基督,是不是先要让他们重新归信异教。倘若他们是斯多葛派,是奥尔弗斯教徒,是密特拉教徒①,或者(最好)是崇拜地母的农人,我们的任务可能就会轻松一些。我为什么会认为当代异教(神智

---

① 奥尔弗斯教(Orphism,亦译奥菲士教),古希腊神秘宗教,宣扬有必要通过多次轮回以宗教仪式或道德净化的方式来摒弃个人本性中的恶。

密特拉教(Mithraism),奉祀密特拉神,罗马帝国后期军人广为信仰的宗教。公元1—3世纪期间,是基督教的主要竞争对手。

学、灵智学等等)①是一个全面变坏的征兆,原因就在这里。

【§11. 几个有利因素。P66】在当前处境中,当然也有一些好的因素。或许比从前有更多的社会良心(social conscience)。尽管贞节(chastity in conduct)可能少了,但是我想,比起那个更节制更得体的时代,现代年轻人可能更少色情更少淫思。(这仅仅是个印象,可能错误。)我们极端孤立:我们几乎成为最后一批人,还诉诸于人类对客观真理这个已被活埋(但还没死)的欲求。但我认为,这一事实既是困难的根源,也是力量的根源。② 在结束本文之前,我必须说明,由于我个人的天分局限,迫使我经常主要用理智方

---

① 神智学(Theosophy),研究奥秘现象的一种宗教哲学,起源于古代世界而对19—20世纪的宗教思想发挥触发作用。Theosophy一词源于希腊词theo(神)和sophia(智)。神智学思辨无不根据一种奥秘修行论前提,即:只有通过直接体验才能认识上帝。(参《不列颠百科全书》第17卷15页)

灵智学(Anthroposophy),相信人类智能可以达到灵界的一种哲学。提出这种哲学的奥地利哲学家、科学家和艺术家斯坦纳(Rodulf Steiner)称之为"精神科学"。他认为存在着灵界,纯粹思维可以理解灵界,因此他试图培养不依靠感觉的灵性感知力。他在1912年创立灵智学会,现其总部设于瑞士多尔纳赫。(参《不列颠百科全书》第1卷370页)

② 虽然几经努力,拙译还是有些晦涩。为防止误解,兹附本句之原文:I also think that the very fact of our isolation, the fact that we are coming to be almost the only people who appeal to the buried (but not dead) human appetite for the objective truth, may be a source of strength as well as difficulty.

法(intellectual approach)。但我经常看到,运用一种更动情(emotional)、更"灵动"(pneumatic)的方法,也在现代受众身上产生神奇效果。既然神赐此禀赋,"愚拙的道理"①便仍旧孔武有力。但是最好是两者都有:一个在前期做理智上的炮火猛攻,一个则紧随其后直接进攻内心。

---

① 【原注】《哥林多前书》一章21节。
【译注】原文为:Where God gives the gift, the "foolishness of preaching" is still mighty. 为帮助理解,兹附《哥林多前书》一章18—25节:

因为十字架的道理,在那灭亡的人为愚拙。在那些得救的人来说,福音却为神的大能。就如经上所记:

> 我要灭绝智慧人的智慧,
> 废弃聪明人的聪明。

智慧人在哪里?文士在哪里?这世上的辩士在哪里?神岂不是叫这世上的智慧变成愚拙吗?世人凭自己的智慧,既不认识神,神就乐意用人所当作愚拙的道理拯救那些信的人,这就是神的智慧了。犹太人是要神迹,希腊人是求智慧;我们却是传钉十字架的基督。在犹太人为绊脚石,在外邦人为愚拙,但在那蒙召的,无论是犹太人、希腊人,基督总为神的能力,神的智慧。因神的愚拙总比人智慧,神的软弱总比人强壮。

13　自行车对话录[①]
Takling about Bicycles

【译者按】藉虚拟对话谈人生。人生有四境:无魅、附魅、祛魅及复魅。人大多只有前三境,祛魅之后就变成了现代拆穿家,成了《快乐哲学》一文中所谓的"精明人"。阅读文学作品,需注意区分无魅与祛魅、附魅与复魅。只有无魅之境的文学,弃之可矣。至于现代民主政治,起于祛贵族制之魅。民主制欲长治久安,亦需复贵族制之魅。路易斯要我们玩味,挂在驴子鼻前的那根红萝卜,也许不仅仅是欺

---

① 《自行车对话录》,原刊于《抵抗》杂志(*Resistance*,1946 年 10 月),第 10—13 页。

骗。假如驴子也会像我们一般回首往事的话。

【关于自行车的四种体验。P67】

"谈谈自行车吧",友人说,"我亲历了四个阶段。我记得,在很小的时候,自行车对我毫无意义。它是大人们的劳什子。就生命成长而言,这些劳什子只是不相干的大背景。然后,有一天,我有了一辆自行车,学着去骑自行车,最终能自己骑着兜风。大清早,在树林里穿梭,绿树荫浓阳光灿烂,宛如步入天堂(Paradise)。那种轻松无碍——与戏水有的一比,但更像是发现了第五元素——仿佛解开了生命奥秘。这时,人会开始感到幸福。然而,我很快就到了第三阶段。上学骑车,下学也骑车,风里来雨里去的。活像那种往返都是上坡路的旅程。这时,骑车显出其单调乏味(prose of cycling)。自行车之于我,就像船桨之于船夫。"

"那第四阶段呢?"我问。

"我现在就是。或者说我常常处于其中。因为没有汽车,我不得不重骑自行车上班。工作乏味透顶。然而,一次又一次,骑自行车给我带来一丝丝甜美记忆。我重得第二阶段的感受。还有,我明白那感受曾何其真实——甚至何其哲学。这运动着实令人出奇地愉快。当然,我当时并未把它当成幸福秘笈。在这个意义上,第二阶段就是幻梦(mirage)。但却是关于某种东西的幻梦(a mirage of something)。"

【驴子面前的红萝卜并不仅仅是欺骗。P68】

"你的意思是……"我说。

"我的意思是说,在这个世界或其他任何世界上,自行车处女航看上去应许给你的那种幸福,无论到底是有还是没有,但是,有那么个想头,总是不一样。即便某特定许诺是假的,许诺给你的那个东西的价值还在——即便所有关于它的许诺都是假的。"

"听起来像是挂在驴鼻子前面的那根胡萝卜",我说。

"那也可能不是欺骗,要是驴子既乐享萝卜的气味又乐享萝卜的口味,甚至更乐享萝卜的气味的话。或者我们设想一下,要是萝卜气味让驴子产生一种情感,吃多少萝卜都无法满足?当它一把年纪,处于第四阶段,难道它不会回首往事,发点感慨:'我庆幸鼻子前面曾挂根萝卜。不然,我可能现在还认为最大的幸福就是吃。现在我知道了,还有好出很多的东西,那是萝卜气味带给我的。我宁愿知道有它,也不愿不知道它。即便我从未得到它。因为,即使仅仅曾经想望过它,生命也就值得一过。"

"我并不认为,驴子竟会有此感受。"

"是的。不但四条腿的驴不会,两条腿的那个也不会。但是我怀疑,这种感受正是人之为人的标志。"

【四阶段:无魅、附魅、祛魅、复魅。P68—69】

"这么说,自行车发明之前,就没人是人了?"

"自行车只是个比方。我想,几乎关于任何事情,都有四个阶段。给它们取个名字,分别就是,无魅阶段(Unenchanted Age)、附魅阶段(Enchanted Age),祛魅阶段(Disenchanted Age)和复魅阶段(Re-enchanted Age)。小时候,自行车对我'无魅'。等我学会骑了,就'附魅'了。16岁,'祛魅'。现在,又'复魅'了。"

"说下去!"我说,"这理论还有什么其他用场?"

"我想,最明显的是爱情。我们都记得那个无魅阶段,那时候女人对我们没意义。后来,坠入爱河,当然就是附魅了。后来结婚,在婚姻前期或中期,好了,祛魅来了。所有许诺,到头来,都像是空头支票。没有女人值得你期待——这是不可能的事——我并不是对拙荆或令阃不敬。我是说……"

"我没结婚",我提醒道。

"噢。真遗憾。因为这样的话,你就不可能理解这一特殊形式的复魅。我想我给一个光棍解释不清楚,如何到了一定时间,猛然想起燕尔新婚时的幻梦。这时,你清楚知道,它是幻梦,但是却看到了它给你带来的一切,带来了少年男女从未想见的东西。你也感到,去记住它,在某种意义上,就是让它重回现实。所以啊,在所有其他体验背后,它仍旧在那儿,就像贝壳躺在清澈见底的池塘。你感到,要是没它,就好像什么事都没发生过。所以啊,即便它最不可信,它也告诉了你一个重要真理,你直到那时才能理解的重要真理。我觉得你可能有些厌烦了。"

"没有没有",我说。

"那我们就举个你感兴趣的例子吧。说说战争,如何?对战争,绝大多数青少年在成长期间,都无魅。无魅阶段,人看待战争,也非常正确,那纯是浪费和残酷,没有其他。在附魅阶段,人就是鲁伯特·布鲁克①或菲利普·

---

① 鲁伯特·布鲁克(Rupert Brooke,1887—1915),英国诗人。他参加一战时所写的十四行组诗《1914年及其它诗歌》(*1914 and Other Poems*)出版后,立即成名。最著名的十四行诗之一《士兵》这样开头:如果我死去,想到我时只需记住:在异乡的某个角落,有一块永远是英国的地方。(参《不列颠百科全书》第3卷173页)

锡德尼①那种心态。他想的是荣耀、战争诗、敢死队,还有永不后退和骑士品质。接下来就是祛魅阶段,就像西格夫里·萨松②那样。还有第四阶段,尽管在现代英国,没有几个人敢谈论它。你相当明白我的意思。人们没少受骗。我们对战壕记忆尤深。我们都知道,那浪漫看法遗漏了多少现实。但是我们也知道,英雄主义真实不虚(heroism is a real thing),传统中的烟羽、旗帜和军号,不是言之无物。它们是一种尝试,去礼敬那真正值得礼敬的。人们之所以认为值得礼敬,恰恰是因为,任何人都知道战争何其可怕。关于战争的第四阶段的重要,就在于此。"

【区分无魅与祛魅,区分附魅与复魅。P70】

"这怎么说?"

---

① 菲利普·锡德尼(Philip Sidney,1554—1586),英国伊丽莎白女王时代廷臣、政治家、军人、诗人、学者及诗人的赞助人,被认为是当时的模范绅士。其《爱星者和星星》(1582)被誉为伊丽莎白时代最优秀的十四行组诗,《为诗一辩》(1582)把文艺复兴理论家的批评思想介绍到英格兰。(参《不列颠百科全书》第15卷340页)

② 西格夫里·萨松(Siegfried Sassoon,1886—1967),英国诗人、小说家,以反战诗歌和小说体自传而闻名。萨松在一战时法国战场任军官,曾两度负重伤。由于发表反战诗《老猎人》(1917)和《反攻》(1918)以及获得十字军功章后公开表明其和平主义立场而广为人知。(参《不列颠百科全书》第15卷73页)

"区分无魅与祛魅,区分附魅与复魅,难道不是极端重要?拿诗人来说吧。比如荷马的战争诗篇或《马尔顿之战》,就是复魅。你在每行都会看到,诗人像我们现代人一样清楚,他写的事情多么可怕。他礼赞英雄主义,但是他曾为此付出代价。他看到恐怖(horror),同时也看到荣耀(glory)。可另一方面,《古罗马方位》或《勒班陀之战》(写得和勒班陀战役①一样好看)则还在附魅。诗人明显对战争一无所知。② 同样要区分无魅和祛魅。你读一个作家,他看爱情就是色欲,战争就是屠杀,依此类推。可是,到底你在读一个无魅者还是一个祛魅者?这个作家是经历那个附魅阶段以后,现在来到荒原呢?还是根本就是个低能儿,像狗一样,不受爱情幻梦(love mirage)的骗;像懦夫一样,不受英雄幻梦(heroic mirage)的骗。假如是个祛魅者,他可能还能

---

① 勒班陀战役(Battle of Lepanto,1571年10月7日),或译勒潘陀海战,是欧洲基督教国家联军与奥斯曼帝国在希腊勒班陀(Ναύπακτος)近海展开的一场海战,奥斯曼帝国战败。这次战役实际价值不大,但对欧洲人的信心却产生巨大影响。(参《不列颠百科全书》第10卷19页)

② 【原注】《马尔顿之战》(*The Battle of Maldon*),10世纪的古英语诗歌,描写991年奥拉夫(Anlaf)统率诺曼人在埃塞克斯郡莫尔登的大洗劫。《古罗马方位》(*Lays of Ancient Rome*,1842)之作者是麦考莱(Thomas Macaulay),而《勒班陀之战》(*Lepanto*,1911)的作者是切斯特顿(G. K. Chesterton)。

说些有价值的东西,尽管比复魅者少一些。假如是个无魅者,把那书烧了。他在谈自己不懂的东西。在我们这个时代,我们不得不防备的危险就是,处在无魅阶段的人,自己以及他人都误以为他正处在祛魅阶段。你想说什么?"

"我在纳闷,你所说的在第四阶段回望的那个附魅,是不是只是记忆错觉(illusion of memory)。难道我们记起来的兴奋体验,比曾经实际拥有的多很多么?"

"在某种意义上,当然是了。记忆本身就是这四阶段的范例。你看,华兹华斯是附魅者。他从少年时光里,得到一束束甜美记忆。他并不深究这些记忆。他相信,即便他能回到过去,他也会发现总会有喜乐时刻(moment of joy)等待着他。你呢,则是个祛魅者。你已经开始怀疑,尽管记忆令人销魂,但这些所谓喜乐时刻,当时并不像现在看上去那样美妙。你说得没错,是没那么美妙。每一次伟大经历(great experience)都是:

一阵私语

一经记忆封存,变成大喊①

---

① 【原注】欧文·巴菲尔德(Owen Barfield)诗歌未刊稿。
【译注】原诗为"a whisper / Which memory will warehouse as a shout."因未找到中译本,只能妄译。

可然后呢？难道记忆封存不跟其他事实一样，也是个事实么？因为过去和现在之间的一束光，聚了个焦，碰巧让我们看到的景象，就不太重要了吗？山在一定距离外，看起来就成了紫色的。这不也和其他事实一样，是个事实么？——要不是因为你啤酒不多了，我们还会继续讨论。酒吧那头的那个人，认为我们在谈政治。"

【民主社会需复贵族制之魅。P71—72】

"我拿不准，我们是不是没谈政治"，我说。

"你说得太对了。你的意思是说，贵族制（Aristocracy）也是个例子？是那些最纯粹的附魅者，才会假想任何人，给他无上权力[①]，他就不会拿来剥削人；甚至假想，他们自己关于荣誉（honour）、英勇（valor）和儒雅（elegance）的标准，不会很快变得俗不可耐。顺便说一句，他们好像为那些标准活着。于是，正当其时又不可避免，祛魅来了，到了革命阶段。可是问题关键是，我们要不要继续走向复魅。"

"那复魅会是什么样子？"

---

① 原文为 uncontrolled power over his fellow。拙译在《论平等》一文中直译为"凌驾于同胞之上的不受约制的权力"；这里为求文辞通畅，意译为"无上权力"。

"认识到,贵族制幻梦背后的那个东西,是绝对必要的。假如你乐意,贵族制(Aristocracy)是对的,错的只是贵族(Aristocrats)。或者换个说法,一个社会,宪制(constitution)和思想风气(ethos)都是民主的,这个社会前景堪忧。二者离之则双美。①"

---

① 原文为 And not much loss either。藉《文赋》"离之则双美合之则两伤"意译。

14 生活在核弹时代①

On Living in an Atomic Age

【译者按】20世纪,"在核弹时代我们如何生存"的问题,俨然成了一个哲学大问题,甚至是最大问题。因为核弹足以一次性毁灭人类文明。路易斯则说,文明是大事,但还有比文明更大的事。即便我们及我们的文明注定要被核弹炸掉,我们是否可以从容一些,死得有尊严一些,而不是像受惊的羊群一般挤作一团。路易斯如此说,不是故作姿态,而是牵涉到宇宙观。路易斯想提醒我们的是,自然主义是

---

① 《生活在核弹时代》,原刊于年刊《博览》(*Informed Reading*)之最后一期,第6卷(1948),第78—84页。

否正确？是否还有比人类文明更大的事？若有，为核弹忧虑过度是否本末倒置？

【§1. 何必因核弹惊慌失措。P73】在某种程度上，我们对核弹忧虑过度。"在核弹时代我们如何生存？"我忍不住反问："为何老问这问题？要是你曾在16世纪生活过，黑死病每年造访伦敦；或者，要是你曾在维京时代①生活过，斯堪的纳维亚入侵者随时可能登陆，晚间割断你的喉咙；或者就如你现在，已经生活在癌症时代，梅毒时代，瘫痪时代，空袭时代，铁路事故时代或车祸时代。"

【§2. 死亡乃吾人之定命。P73】换言之，我们不要从一开始就夸大了我们处境的新异（novelty）。相信我，亲爱的先生女士，你和你所爱的人，在核弹发明之前，就被判处死刑；而且，我们中间相当大的一部分人，将来之死并不安

---

① 维京时代（Viking age），指9—11世纪维京人（Viking）南下，对西欧和南欧进行长期洗劫的那个时代。维京人即北欧海盗，又称Northmen（汉译诺曼人或北方人）或古斯堪的纳维亚人。古斯堪的纳维亚人有三个民族：瑞典人、挪威人和丹麦人。对西南欧进行长期洗劫的主要是后两个民族，尤其是丹麦人。（参[法]德尼兹·加亚尔 等著《欧洲史》，蔡鸿宾 等译，海南出版社，2002，第173—175页）

乐。相对于祖先,我们的确有个巨大优势——麻醉剂;但死亡仍一如既往。这世界本来就充满了苦痛之夭亡,①在这个世界上,死亡本身并非机缘(chance)而是定命(certainty)。这时,因为科学家又给这个世界添了一个苦痛之夭亡,就拉着长脸四处抱怨,这看起来颇为滑稽。

【§2. 不让核弹主宰心灵。P73—74】这就是我要说的第一点。我们要采取的第一个行动就是,打起精神。假如我们所有人都将被核弹炸死,就让那核弹飞来之时,发现我们正在做明智且人性之事(sensible and human things)——祈祷,劳作,教学,读书,赏乐,给孩子洗澡,打网球,把酒对酌或投壶射覆之时与朋友相谈甚欢——而不是像受惊羊群一般挤作一团,只想着炸弹。它们可能会摧毁我们的身体(一个细菌也能做到),但不必主宰我们的心灵。

【§4. 核弹与人类文明。P74】"可是",你反驳说,"我们操心的不是死亡,甚至也不是那苦痛之夭亡。这种机缘

---

① 原文是 painful and premature death,直译为"苦痛之夭亡",并未完全传达原文意思。因为原文中 painful 一词,强调绝大多数人离世之时,都充满痛苦。虽心知如此,但终究未找到更传神的意译,只能暂且粗笨直译。诸君见谅。

当然并不新奇。新奇的是,核弹彻底摧毁文明本身。文明之光将永远熄灭。"

【§5.自然是艘要沉的船。P74—75】这让我们更接近要点所在,但是,让我尽力表明那个要点到底是什么。在核弹登场之前,你对文明的终极未来的看法是什么?你认为所有人类努力的最终结果是什么? 即便是对科学一知半解的人,也都知道其真正答案。然而,奇怪的是,基本从来没人提起。真正答案(基本上不用怀疑)就是,无论有无核弹,整个故事之结局是空无(NOTHING)。天文学家并未奢望,这一星球将永远适合居住;物理学家也不奢求,有机生命在此物质宇宙的任何部分都永远有可能。不仅这个地球,而且全部景象,太空中的所有光芒,都将衰亡。自然是艘要沉的船(Nature is a sinking ship)。柏格森说起"生命冲动"(*élan vital*)①,萧伯

---

① 葛力主编《现代西方哲学辞典》(求实出版社,1990)释"生命冲动"(*élan vital*):

旧译"生命之流"。法国生命哲学的主要代表人物之一柏格森的用语。柏格森认为,生命是一个不断的洪流,这个洪流由于内在于它的"生命欲"或意志的推动一直实现着生命冲动,使生命不断变化、发展。生命冲动是宇宙的本原,整个宇宙是实现生命冲动的精神性过程。这个过程是生命或意志的创造过程,生物的进化过程,无规律可循。柏格森称之为"创造的进化过程"。(第125页)

纳说起"生命力"(Life-force)①,仿佛它们将永远涌动。但是这源于只关注生物学而忽略其他科学。这种希望着实没有。放长眼光看,大自然并不袒护生命(favour life)。要是大自然即全部实存——换言之,既无上帝,亦无自然界之外的任何另类生命——那么所有故事都将是同样结局:所有生命都被逐出宇宙,永无返回之可能。生命将是曾经的一束偶然光亮,因不再有人,故无人记得。毫无疑问,核弹可能会削减它在此行星上面的绵延时间,然而即便它延续亿万年,相对于此前与之后的死寂来说,终究是渺沧海之一粟,我不会为此削减而激愤。

【§6. 核弹令我等梦醒。P75】战争和天气(我们是否注定遭遇另一个周期性的冰河纪?)以及核弹,其真正所为

---

① 萧伯纳的"生命力"(Life-force)这一概念,是其社会政治思想的一部分。他断言,每一社会阶级都为自身目的服务,上层阶级及中层阶级在斗争中都胜利了,而工人阶级失败了。他谴责他那个时代的民主体系说,工人遭受贪婪的雇主的无情剥削,生活穷困潦倒,因过于无知与冷漠无法明智投票。他相信,一劳永逸地改变这一缺陷,依赖于出现长命超人。超人有足够的经验与智力,故能统治得当。这一发展过程,人称"萧伯纳优生学"(*shavian eugenics*),他则称为 *elective breeding*(优选生育)。他认为,这一过程受"生命力"驱动。生命力促使女人无意识地选择那最有可能让她们生下超级儿童的配偶。萧伯纳拟想的这一人类前景,最集中地表现于戏剧《千岁人》(*Back to Methuselah*,又译《长生》)之中。(参英文维基百科 George Bernard Shaw 词条)

在于,有力提醒我们注意我们居于其中的世界是何种类。这一点,在1914年以前的繁荣期里,我们开始淡忘。既如此,这一提醒就是个好事。我们已经从美梦(pretty dream)中醒过来,现在我们可以着手讨论现实。

【§7. 自然是否唯一实存? P75】我们立即看到(当我们清醒过来),重要问题不是核弹会不会"消灭"文明。重要问题是,"大自然"(Nature)——科学所研究的自然——是不是唯一实存。因为,假如你对第二个问题说"是",那么,第一个问题仅仅等于你在问:所有人类活动无可避免的挫败(the inevitable frustration),是否会因我们自身作为而加速来临,而非寿终正寝。当然,这是一个与我们关系重大的问题。即便是在一艘或迟或早注定沉没的船上,锅炉马上要爆炸的消息,也不会使任何人听后无动于衷。但是我想,那些知道船即将沉没的人,听到这个消息,不会像那些忘记这一事实的人那样,死命地激动,胡思乱想锅炉爆炸可能已经降临。

【§8. 自然主义理论。P75—76】正是在第二个问题上,我们真正需要打定主意。让我们先假定,大自然就是全部实存。让我们假定,除了原子在时空中毫无意义的无机运动(meaningless play of atoms)之外,没有什么曾经存在或即将存在。也就是说,经过一系列的百不遇一的机缘,它(遗憾地)产生出了我们自己这样的东西——有意识的存在(conscious being)。这种有意识的存在现在知道,他们自身的意识是无意义过程的产物。原子运动本身毫无意义,尽管对于我们(唉!),它仿佛举足轻重(significant)。

【§9—12. 自然主义给人留了三条路。P76—77】在此情境中,我想,我们可能会做三样事:

(1)你可能自杀。大自然(盲目又偶然地)赋予我意识来折磨我。这意识在并未提供意义与价值的宇宙中,要求意义与价值。可是大自然也赋予了我结束这一意识的手段。我把这一不受欢迎的馈赠还回去。我不再受愚弄了。

(2)你可能决定及时行乐。① 这个宇宙是个荒唐的宇宙(universe of nonsense),但是既然你在这里,抓住你能抓住的。然而很不幸,照此说来,基本没有什么可供抓住——只有最粗俗的感官享乐。除非在动物感官层次,否则你不可能跟一个女孩相爱,假如你知道(而且时刻记得):她这个

---

① 原文为 have as good a time as possible 即中文所谓今朝有酒今朝醉,及时行乐之意。

人的美和性格的美,只不过是原子碰撞产生的临时而又偶然的式样(pattern);你对那些美的反应,只不过是你的基因活动所产生的一种心理磷光(psychic phosphorescence)。你也不可能从音乐中得到任何严肃快乐(very serious pleasure),假如你知道并记住:其意境(air of significance)纯粹是幻影(pure illusion),你之所以喜欢它,只是因为你的神经系统无理可讲地适合于喜欢它。在最低的感官层次上,你或许仍然可以享受美好时光。只不过,只要时光的确成为美好时光,只要它将你从冷冰冰的感官快乐推向真正的温暖、热情和喜乐,那么,你终将会被迫感受到,你自己的情感与你所生活的宇宙之间那种令人绝望的不谐。

(3) 你可以无视(defy)宇宙。你可能会说:"宇宙无理,我则不然;宇宙无情,我则有义。无论它因什么奇怪机缘而生产出了我,我既已在此,我就要照着人类价值活着。我知道宇宙终将获胜,但这与我何干? 我仍将战斗。在这一切虚耗(wastefulness)中间,我依然是我;在这一切争竞中间,我将做出牺牲。让宇宙见鬼去。"①

---

① 关于第三种选择,可与本书第三章《论三种人》里的第二种人相对参。

【§13. 第三选择注定无望。P77】我想事实上,我们绝大多数人,只要我们仍是唯物主义者,将会或多或少在第二种态度和第三种态度之间游移不定。尽管这第三种无与伦比地好(比如说它更有可能"保存文明"[preserve civilization]),但是这两种都将让航船触上同一块礁石。这块礁石——我们自己内心与大自然之不谐(the disharmony between our own hearts and Nature)——在第二种态度中显而易见。第三种态度,从一开始就接受此不谐并无视它,看似避开了礁石。但这不中用。在第三种态度里,我们拿我们自身的人类标准对抗宇宙之无稽(the idiocy of the universe)。这听起来好像是,我们自身的标准是宇宙之外的某种东西,可以拿来和宇宙做对比;好像是我们可以拿另有来源的一些标准来评判宇宙。然而假如(正如我们所设定的那样)大自然(Nature),即这一时空物质系统(the space-time-matter system),是唯一的实存,那么,我们的标准当然就不会有其他来源。这些标准,和其他任何事物一样,也必定是盲目力量的产物,无意为之且毫无意义。于是,本指望它们是自然之外的一束光亮,借以评判自然,到头来,它们却仅仅是我们这种人猿的一种感受,仅仅是因为我们脑颅之下的原子进入特定状态。这些状态的产生原因,非关理性,非关人性,也非关道德。于是,我们借以无视大自然的那块地盘,在我们脚下分崩离析。我们所用的那些标准,在发源地就被玷污。要是我们的标准来源于这一无意义的宇宙,它们必定和它一样无意义。

【§14. 自然主义之悖谬。P77—78】我想,绝大多数现代人草率接受此类思想,相反观点得不到聆听机会。所有自然主义(Naturalism)都将领我们到此结局——一个终极的且令人绝望的不般配,我们心灵自诩的"所是"(to be)与自然主义宇宙里它们的"必定之是"(really must be)之间的不般配。它们自诩是灵(to be spirit)。也就是说,自诩有理性(to be reason),领会普遍知性原则(perceiving universal intellectual principles)和普遍道德律(universal moral laws),且拥有自由意志(free will)。然而,假如自然主义真实不虚,它们实际上必定仅仅是脑壳内原子的排列,仅仅因非理性的因果关系而产生。我们思考某一想法,并不是因为它是真的,而仅仅是因为盲目的大自然迫使我们思考它。我们做出一个举动,并不是因为它是对的,而仅仅是因为盲目的大自然迫使我这样做。人们只有在面对这一荒谬绝伦的结论时,才最终情愿聆听希微之声(the voice that whispers):"然而假如我们确实是灵(spirits),假如我们并非大自然之后裔……?"

【§15. 我们是宇宙中的异乡人。P78】自然主义的结论的确难以置信。首先,只有信任我们自己的心灵,我们才能够了解大自然本身。假如通晓大自然的结果是,大自然教导我们(也就是说假如科学教导我们),我们自身心灵是原子的随机排列(chance arrangements of atoms),那么,这里必定就有某种错误。因为,倘若真是这样,那么,科学本身也必将是原子的随机排列(chance arrangements of atoms),因而我们将毫无理由相信科学。只有一条道路避免进入此死胡同。我们必须返回到更早的观点。我们必须完全接受:我们是灵(spirits),是自由又理性的存在,当前居住在一个非理性的宇宙中。我们也必须得出结论:我们并非派生于它。我们是宇宙中的异乡人(strangers)。我们来自其他地方。大自然并非唯一的实存。还有"另一个世界"(another world),我们来自那里。鱼在水中才感到在家。假如我们"属于这里",我们也应感到如鱼得水。假如我们仅仅是自然造物,那么,我们关于"齿牙血淋淋的自然状态"①、关于死亡、时间和无常所说的话,我们对自己身体半遮半掩的态度(half-amused, half-bashful attitude),就难以索解。假如这个世界就是唯一世界,我们如何能最终发现其法则如此可怕或如此滑稽?假如根本没有直线,那我们又如何发现大自然的线条是弯曲的?

【§16. 自然并非母亲而是姊妹。P79】接下来的问题是,什么是大自然?我们如何被囚禁在这一异己系统?奇怪的是,一旦我们认识到大自然并非全部,这一问题就少了很多凶兆。误认她做母亲,她可怕甚至可怖。假如她只是我们的姊妹——假如她跟我们有同一个造物主——假如她是我们的玩伴(sparring partner)②,那么,形势就很可以忍受。也许我们在这里并非囚徒(prisoners),而是殖民者(colonists):只要想想我们对狗对马对水仙花做了什么。

---

① 原文为"Nature red in tooth and claw"。英国桂冠诗人丁尼生的诗句,意思是:"以眼还眼、以牙还牙,血腥残暴的自然界。"详细出处待考。

② 《庄子·徐无鬼》里面有个石匠与郢人的故事,可以解释 sparring partner 一词。

庄子送葬,过惠子之墓,顾谓从者曰:"郢人垩慢其鼻端若蝇翼,使匠石斲之。匠石运斤成风,听而斲之,尽垩而鼻不伤,郢人立不失容。宋元君闻之,召匠石曰:'尝试为寡人为之。'匠石曰:'臣则尝能斲之。虽然,臣之质死久矣。'自夫子之死也,吾无以为质矣,吾无与言之矣。"

她的确是个粗野的玩伴。她身上有恶的成分。去解释这一点,把我们往回带得更远:我将不得不去谈谈能天使和权天使①以及其他对现代读者来说最具神话色彩的东西。这儿不是谈论这些的地方,这些问题也不是首要之务。在这里,只需指出这一点就足够了:自然也和我们一样,(以她自己的方式)严重疏离于其创造者,尽管在她身上,就像在我们身上一样,还保有那往古美丽的些许光芒。但这些美的光芒,并不是要我们去崇拜(to be worshipped),而是要我们去乐赏(to be enjoyed)。大自然没有什么教给我们。我们的正事是,遵照我们自己的律而不是她的律去生活。无论在私人生活还是公共生活中,遵从爱和节制的律,即便它们看起来会使我们灭亡(suicidal);而不是遵从争竞和掠夺的律,即便它们是我们生存之所必需。因为不把生存视为第一要义,正是我们属灵之律(spiritual law)的题中之义。我们必须严格训练自己,让自己知道:除非藉由令人尊敬的且宽宏大量的手段,否则,地球上人的生存(survival)、甚或我们自己民族或国家或阶级的生存,并不值得拥有。

---

① 中世纪天使学(angelology)将天使分为九级,其中能天使(Powers,又译力天使)位列第五,权天使(Principalities)位列第七。

【§17. 保存文明需严本末之辨。P79—80】牺牲其实并没有乍一看那么大。没有什么比下定决心不惜一切代价图谋生存，更有可能摧毁一个物种或一个民族。那些不仅仅关心文明，而且更关心其他事情的人，是文明最终有可能得以保存的唯一靠得住的人。那些一心想要天堂的人，可能侍奉大地最力。那些不仅爱人更爱上帝的人，对人贡献最大。①

---

① 与中国古人严"本末之辨"相类，路易斯严加区分"首要之事"(the first thing)与"次要之事"(the second thing)。他始终强调，要成全次要之事，需守首要之事。忘记或抛弃首要之事，把次要之事当作唯一要务，其结果是两事都失。换用中国古语说，本末倒置，非但失本，而且失末。在路易斯眼中，现代人所津津乐道的文明，乃次要之事。详参路易斯〈首要及次要之事〉(First and Second Things)一文，文见 C. S. Lewis, *GOD IN THE DOCK：Essays on Theology and Ethics*. ed. Walter Hooper, Grand Rapids：Eerdmans，1970.

15　空荡荡的宇宙[①]
The Empty Universe

【译者按】现代以来,哲学一步步清空宇宙。先是主观论取代客观论,把古代的泛灵论的世界,还原为物理世界。认为古人宇宙论所谓神灵、天道、美等等,只不过是主体心灵之投射。接下来,则是语言分析哲学像主观论清空宇宙一样,清空主观论里的主体心灵,认为所谓灵魂、自我、意识等等,只不过是语言之误用。于是我们就居住于一个空荡

---

① 【原注】本文原是 D. E. Harding 的《天尊地卑》(*The Hierarchy of Heaven and Earth*: *A New Diagram of Man in the Universe*, London, Faber and Faber, 1952)一书的序言。

荡的宇宙之中。可我们是谁？分明就是无何有之人游荡于无何有之乡。这就是现代拆穿家最后给我们奉上的一幅宇宙图景。当此之时，不是要复古，而是要检省现代，检省现代发端之时我们犯了什么错误。

【§1. 开场。P81】我相信，这本书是扭转哲学发端以来的思维动向的首次尝试。

【§2. 现代哲学逐步清空宇宙。P81—82】人藉以认识宇宙的过程，从一种观点来看极其繁复，从另一观点看则很是明了。我们可以看到一个单向进程。一开始，宇宙看起来充满意志(will)、灵气(intelligence)、生命(life)及诸多积极品质(positive qualities)。每一棵树都是一个宁芙①，每颗星球都是一个神灵。人自身与众神相类(akin to)。知识之增进逐渐清空了这一多彩而亲切之宇宙(this rich and genial universe)。首先清空其神灵，接着清空其颜色、气味、声音及味道，最终原本所想的牢靠本身也不再牢靠(solidity)。这些

---

① 宁芙(Nymph)是希腊神话中次要的女神，有时也被翻译成精灵和仙女。也会被视为妖精的一员，出没于山林、原野、泉水、大海等地。是自然幻化的精灵，一般是美丽的少女的形象，喜欢歌舞。它们不会衰老或生病，但会死去。(参中文维基百科)

东西既然从世界中拿了出来,就改头换面放在主体一方:归结为我们的感受、思想、想象或情感。于是,主体酒足饭饱,有些飘飘然,其代价则是客体。① 但是,事情还没有到此为止。曾经用以清空世界的方法,也用来清空我们自己。掌握这一法门的大师们,不久就宣布,当我们把"灵魂"(souls)、"自我"(selves)或"心灵"(minds)归于人类机体时,我们也犯了把树神归于树的同样错误。泛灵论②显然根深蒂固。将

---

① 原文是 The Subject becomes gorged, inflamed, at the expence of the Object. 路易斯以很为形象的语言,描述主观论取代客观论。拙译有意保留其修辞。

现代哲学中主体之极度膨胀,可于唯心主义大盛于形而上学领域略见一斑。英国哲学史家安东尼·肯尼曾说:

在19世纪上半叶,最重要的哲学家均是不同类别的唯心主义者。在这个时期,伴随着费希特、谢林和黑格尔携手共建一种作为绝对意识发展史的宇宙理论,德国超验唯心主义达到了高潮。不过,即使批评绝对唯心主义最烈的哲学家们,也忠诚于另一种不同形式的唯心主义,这就是声称存在就是被感知的贝克莱经验论唯心主义。(《牛津西方哲学史》第四卷,梁展译,吉林出版集团,2014,第191页)

② 《不列颠百科全书》解释"泛灵论"(Animism,亦译万物有灵论)说,它是一种信仰,相信存在着涉及并干预人事的无数精灵。大多数部落或原始人群都有这种信仰。E. B. 泰勒爵士的《原始文化》(1871)第一个对泛灵论信仰作了认真考察,从而使得此词不胫而走。(见第1卷349页)

罗伯特·C. 所罗门《哲学导论》第9版(陈高华译,世界图书出版公司,2012)解释"泛灵论":"这一观点认为事物(或者万物)都是有生命的,也认为整个宇宙是一个巨大的有机体。"(第538页)

其他事物人格化的我们，最终却发现，我们自己只不过是拟人产物（personifications）。人的确与众神相类：也就是说，他和他们一样虚幻。正如树神是个"幽灵"（ghost），只是一个缩略符号（abbreviated symbol），象征的是我们自己所知的关于树的所有事实，我们却愚蠢地误认为是事实之外及之上的神秘实体；同样，人的"心灵"或"意识"，也是一个缩略符号，象征的是关于其行为的某些可以证实的事实，但我们却把符号错当作事物。正如我们已经破除把树人格化（personifying trees）的那个坏习惯，我们现在也必须破除把人人格化（personifying men）的坏习惯：在政治领域，一项变革已经落实。我们可以把客体所遗失的那些东西改头换面放进去的那种主观论，从来就没有。没有"意识"（consciousness）可供容纳遗失的神灵、色彩和概念，即便作为意象或私人经验被容纳。"意识"并非"可以这样去用的那类名词"。①

---

① 路易斯所勾勒的"客观论——主观论——逻辑实证主义"的这一哲学进程，可于所谓美的本质问题上略见一斑。

朱狄先生在《当代西方美学》（人民出版社，1984）一书中指出，关于美的本质问题，争论核心并不在于审美判断的普遍有效性，而是客观与主观之争；"真正的分水岭倒是可以简化为美究竟在物或是在心，（转下页注）

【§3. 清空宇宙之极致：分析哲学。P82】因为我们被教导说,我们所犯错误乃语言错误。此前所有神学、形而上学以及心理学,都是糟糕语法的副产品。于是,马克斯·米勒的公式"神话乃语言之疾"①卷土重来,其范围之广却非

（接上页注）这才是争论的焦点。"（第171页）。从客观论转向主观论,恰好是古今之别："关于美的本质问题,在古代西方是客观论占优势,在当代西方是主观论占优势。"（《当代西方美学》,第143页）

客观论诸说中,以"美在和谐"最为普遍,最为持久。美在和谐,被塔塔尔凯维奇称为"伟大理论"（the Great Theory）,从公元前5世纪到公元后17世纪,这一理论盛行了22个世纪。与这一理论相比,后来所提出种种关于美的理论,都极为短命。（[波]塔塔尔凯维奇:《西方六大美学观念史》,刘文潭译,上海译文出版社,2006,第130页）

到了现代,主观论抬头,美学之主流将美的本质界定为人的快感（pleasure）,认为我们所谓的美,其实是快感的投射（projection）。比如休谟（David Hume）说："快乐和痛苦不但是美和丑的必然伴随物,而且还构成它们的本质。"（[英]休谟:《人性论》,关文运译,商务印书馆,1997,第334页）更为简洁的则是美国哲学家桑塔耶纳（George Santayana）对美的定义："美是客观化了的快感。"（[美]乔治·桑塔耶纳:《美感》,缪灵珠译,中国社会科学出版社,1982,第35页）

至于维特根斯坦领军的分析哲学,则认为以往哲学追问"美是什么",纯粹是语言误用。我们所谓的"美",究其实只不过是个感叹词："如果我不说'这是优美的',只说'啊!',并露出微笑,或者只摸摸我的肚子,这又有什么两样呢?"（[英]维特根斯坦:《美学讲演》,蒋孔阳主编:《二十世纪西方美学名著选》下卷,复旦大学出版社,1987,第83页）

① 【原注】Friedrich Max Müller, *The Science of Language* (1864), Second Series, Lecture viii on "Metaphor".

【译注】马克斯·米勒（Friedrich Max Müller,又译缪勒,1823—1900）,德国的东方学家和语言学家。路易斯所引米勒原话为"Mythology is a disease of language",译文系译者妄译。

他所能梦见。我们甚至未曾想见这些事物,我们只是稀里糊涂地谈论。人类迄今最热衷于答案为何的所有问题,其实本无答案(unanswerable)。这不是因为答案像"天机"①一样深隐,而是因为它们是无理取闹的问题,就像问"从伦敦桥到圣诞节有多远"一样。当我们爱一个女人或一个朋友之时,我们自以为我们在爱(we were loving),甚至都算不上饿得发晕的水手自以为看到了天边有帆船那种幻影。它更像是一个双关语(pun)或一个披着语言外衣的诡辩。②这就像一个人,因受"我自己"和"我的眼镜"二者之间语言相似性的蒙骗,早晨离开卧室之前,开始四处寻找他的自我,好装进口袋,以备白日之需。假如我们因朋友没有古老意义上的"自我"而悲叹,那么,我们的行为举止就与此人并无不同,他因在妆镜台上抑或台下怎么也不能找到他的"自

---

① 【原注】Geoffrey Chaucer, *Canterbury Tales*, The Miller's Prologue, line 3164.
【译注】原文是"goddes privitee",典出乔叟《坎特伯雷故事》里的《磨坊主的故事》。其中书生尼古拉蒙骗木匠,以"天机"为托词:"不要问缘故,因为你问了,我也不能泄露天机。"(方重译《坎特伯雷故事集》,人民文学出版社,2004,第58页)

② 【原注】sophism disguised as language
【译注】原文是拉丁文:*sophisma per figuram dictionis*。原注解释其意:sophism disguised as language。

我",而流下苦涩眼泪。①

【§4. 分析哲学之结论。P83】于是我们所得的结果就匪夷所思地近乎零(uncommonly like zero)。当我们把世界几乎还原为无有(nothing)的时候,我们还以此幻觉欺骗自己,说它所遗失的全部品质都将作为"在我们自己心灵中的事物"(things in our own mind)而悉数保全(尽管有些捉襟见肘)。我们明显没有所需的那种心灵。主体像客体一

---

① 这一段,路易斯用戏剧笔调描写的是20世纪英美分析哲学的套路。分析哲学的诞生标志是"语言学转向",分析哲学家也常常自诩"语言学转向"是一场哲学革命。哲学领域里的语言学转向,是说往昔哲学家为之争论不休的形而上学问题,都是伪问题,都是因为不了解语言用法而犯的一种糊涂。所以,全部哲学问题,其实都可以还原为语言分析。这种对形而上学的敌意,在1930年代的逻辑实证主义那里登峰造极,其中影响最大的人物则是维特根斯坦。

比如关于聚讼纷纭的"心灵"或"自我"问题,维特根斯坦会说,"我"根本不是一种指称性的表达,"自我"是哲学家出于对反身代词的误解而说出的废话。笛卡尔说,他可以怀疑自己是否拥有身体,但他不会怀疑自己的存在。而在维特根斯坦看来,笛卡尔的这一"我思故我在"的论证,其实是上了语言的当。因为当我们说"我的身体"时,并不表示有一个"我"存在,是身体的主人。"我的身体"这一表述,并非表示身体是我之所有,而是我之所是;恰如"罗马城"这一表述,并非罗马所拥有的城市,而是罗马所是的城市。哲学家围绕"自我"所做的一切争论,都是因为糊涂,被"我的身体"与"我的眼镜"这两个表述所共有的"我的"一词所欺骗。详参《牛津西方哲学史》第四卷(梁展译,吉林出版集团,2014)第241页前后;或可参赵敦华《现代西方哲学新编》(北京大学出版社,2001)第三章"分析哲学的诞生"。

样空洞(The Subject is as empty as the Object)。在几乎所有事情上,几乎所有人都犯过语言错误。大体而言,这就是曾经发生过的唯一事情。

【§5. 清空宇宙之社会后果及个人后果。P83—84】
现在,这一结论所带来的麻烦,并非只是我们的情感难以接受。在任何时间或任何人群中,它都并非情感难以接受。这种哲学,就像其他哲学一样,自得其乐。我揣测,它可能和统治术(government)极其意气相投。与古老的"自由言论"(liberal-talk)有千丝万缕联系的是这一观念:正如在统治者内心(inside the ruler)有个世界,臣民内心(inside the subject)也有个世界,这一世界对他而言是所有世界的中心,其中包含着无尽的苦与乐。然而现在,他当然没有"内心"(inside),除了你把他解剖之后所发现的那种。要是我不得不把一个人活活烧死,我想,我会发觉这一教义让我心安理得。就我们绝大多数人而言,真正的困难可能是一种身心交瘁(a physical difficulty):我们发现,不可能让我们的心灵(our minds)扭曲成这种哲学所要求的那种形状,哪怕仅仅只是十秒钟。说句公道话,休谟作为这一哲学的祖师爷,也警告我们不要做此尝试。

他倒推荐去玩双陆棋①。他坦然承认,在适量娱乐之后,再返回到思辨,就会发现它"冷酷、牵强、可笑"。②而且很明显,假如我们确实必须接受虚无主义(nihilism),那么我们将不得不如此生活:恰如我们患糖尿病,就必须摄取胰岛素。但是,人们更愿意不患糖尿病,不需要胰岛素。假如除了那种只有借助重复使用(而且剂量递升)一定剂量的双陆棋而得到支持的哲学之外,还有其他哲学选项,那么我想,绝大部分人都会乐于听闻。

---

① 双陆棋是一种供两人对弈的版图游戏,棋子的移动以掷骰子的点数决定,首位把所有棋子移离棋盘的玩家可获得胜利。游戏在世界多个地方演变出多个版本,但保留一些共通的基本元素。(参维基中文百科)

② 【原注】休谟《人性论》第一卷第四章第七节。

【译注】休谟因其怀疑论而名垂青史。他在《人性论》中说,因为怀疑,

我准备抛弃一切信仰和推理,甚至无法把任何意见看作比其他意见较为可靠或更为可能一些。我在什么地方?我是什么样的人?我由什么原因获得我的存在,我将来会返回到什么状态?我应追求谁的恩惠,惧怕谁的愤怒?……

这些疑问使他感到四周漆黑一团,甚至影响到肢体及生理官能。他身心交瘁。这时他发现,不去继续怀疑,只管去生活,反倒拨除了阴云:

最幸运的是,理性虽然不能驱散这些疑云,可是自然本身却足以达到目的,把我的哲学抑郁症和昏迷治愈了,或者是通过松散这种心灵倾向,或者是通过某种事务和我的感官的生动印象,消灭了所有这些幻想。我就餐,我玩双六,我谈话,并和我的朋友谈笑;在经过三、四个钟头的娱乐之后,我再返回来看这一类思辨时,就觉得这些思辨那样冷酷、牵强、可笑,因而发现自己无心再继续这类思辨了。(关文运译《人性论》,商务印书馆,第300页)

【§6. 瑞恰慈的徒劳补救。P84】诚然(或者说有人告诉我)也有一种遵照此哲学却无需双陆棋的生活方式,但是它并不是人们愿意尝试的。我曾听说,在一些恍惚状态下,这种虚无主义教义就变得着实可靠:正如瑞恰慈博士愿意说的那样,给它附加上一些"信仰感受"(belief feelings)。①

---

① 【原注】I. A. Richards, *Principles of Literary Criticism* (1924), chapter XXXV.
【译注】瑞恰慈在《文学批评原理》(杨自伍译,百花洲文艺出版社,1997)中,区分了语言的两种用法,一为科学用法,一为感情用法:

可以为了一个表述所引起的或真或假的指称而运用表述。这就是语言的科学用法。但是也可以为了表述触发的指称所产生的感情的态度方面的影响而运用表述。这就是语言的感情用法。(第243页)

与此相应,他把信仰分为两种:一为科学信仰,一为感情信仰。科学信仰是"因为如此,所以如此"的信仰,是可以证实的相信。至于感情信仰,只不过是一种情缘相信,是一种信仰感受,是一种"恍若神奇的经验"。这种感受,一定剂量的酒精或大麻都能够制造,文学作品也能提供:

举例来说,读毕《阿多尼斯》之后,我们就沉浸在一种强烈的感情态度中,它给人的感觉犹如信仰,这时我们很容易认为自己是在相信不朽或长存,或是相信某种能够表述的东西……(第254页)

瑞恰慈之所以区分两种信仰,是因为他认为,好多神经病症都来自于不能区分"确定的事实"和"可接受的信仰"。在他看来,传统信仰与现代科学本是离则双美合则两伤:

知识和信仰的混合是一种变态,这两种活动都因此而蒙受降格的损失。(第257页)

顽固的实证主义者企图以科学信仰灭感情信仰,而虔诚宗教信徒则企图以感情信仰灭科学,故而导致心理紊乱或变态。

欲求心理正常,就是让科学信仰和感情信仰并行不悖。藉路易斯的话来说,一则相信宇宙本是"空荡荡的宇宙";一则又保留一些"恍惚状态",在宇宙中乐哉悠哉。

承受者曾有过,在无何有之乡作为无何有之人的体验。①那些从此种境地中回来的承受者,说它极不称心。

【§7. 与其阻止此拆除进程,不如重审开端。P84—85】试图阻止这一进程——即带领我们走出有生命的宇宙,其中人遭遇神灵,步入终极空无(final void),其中无何有之人发现他弄错了无何有之事②——并不新鲜。那一进程中的每一步,都饱含争议。曾经打响许多保卫战。现在依然在打。但这些都是阻止此动向,而不是反转。哈丁先生(Mr. Harding)著作之重要,就在于此。假如它"成功",那么,我们就会看到反转之开端:并非此立场,亦非彼立场,而是努力重启整个问题的一种思考。我们确信,只有这种思考才于事有补。那种使我们滑向虚无主义的致命滑坡,

---

① 原文为 The patient has the experience of being nobody in a world of nobodies and nothings。意为清空宇宙和主体之后,我们自身就成了 nobody,我们所处身的世界则成了 a world of nobodies and nothings。《庄子·逍遥游》云:"今子有大树,患其无用,何不树之于无何有之乡,广莫之野。"成玄英疏:"无何有,犹无有也。莫,无也。谓宽旷无人之处,不问何物,悉皆无有,故曰无何有之乡也。"拙译藉此语译 nobody 为"无何有之人",译 a world of nobodies and nothings 为"无何有之乡"。

② 原文为 almost-nobody discovers his mistakes about almost-nothing。路易斯此语颇带反讽。意思是说,既然人已成为 almost-nobody,世界已经成为 almost-nothing,人却能竟然发现自己在有些事情上弄错了,真是奇怪。

必定出现在开端处。

【§8. 并非重回古代，而是检省现代。P85】当然没有可能重返腐化之前的泛灵论（Animism）。也无人假定，前哲学时期的人类信念能够或者应当得到恢复，就像它们未受批判之前那样。问题在于，第一批思想家藉批判以修正（而且是正确修正）它们时，是否没有冒进或者做出一些不必要的妥协。他们的意图，当然不是带我们走向实际导致的那一荒唐后果。这类错误在争论中或冥思苦想中当然是屡见不鲜。一开始，我们的看法里包含许多真理，尽管表述模糊或略有夸张。而后有人提出反对，于是我们撤回它。然而数小时后，我们发现我们把洗澡水连同小孩一起倒掉，我们发现起初的看法一定包含某些真理，正因为缺少这些真理现在才陷入荒谬。这里亦然。在清空树神和诸神（必须承认祂们其实并不可信）时，我们好像扔掉了整个宇宙，包括我们自身。我们必须返回，从头再来；这次更有机会成功，因为我们现在当然可以运用一切特定真理（all particular truths）和一切方法改进（all improvements of method），而在那个毁灭性的思维进程中，我们可能会把它们当作副产品全部扔掉。

【§9. 草创之功,无论成败。P85—86】说我自己知道,哈丁先生现在这样的尝试能否奏效,是有些装腔作势。极有可能不行。我们不能指望首次向月球发射火箭,或者第二十一次,就能成功着陆。但这是个开端。即便它最终只是某些体系的远祖,这些体系将还我们一个住着可靠行动者与观察者的可靠的宇宙,那么此书实在是大功一件了。

【§10. 纵然不同意作者观点,亦无妨欣赏作品。P86】这本书也给了我令人激动及令人满意的经验,而这种经验,在某些理论著作中,看起来都部分地独立于我们最终同意与否。只要我们记起,当我们从某一理论体系的低劣倡导者转向其大师(great doctors),即便是我们所反对的理论,在我们身上发生了什么,那么,这一经验就会很轻易被分离出来。当我从普通的存在主义者转向萨特先生①本人,从加尔文主义转向《基督教要义》(*Institutio*),从"超验主义"转向爱默生②,从

---

① 萨特(Jean-Paul Sartre,1905—1980),法国哲学家、剧作家、小说家,当代文化生活中的国际知名人物,法国存在主义的首倡者。(参《不列颠百科全书》第15卷70页)

② 爱默生(Ralph Waldo Emerson,1803—1882),美国散文作家、思想家、诗人、演说家,美国19世纪新英格兰超验主义文学运动的领袖。(参《不列颠百科全书》第6卷52页)

有关"文艺复兴柏拉图主义"的论著转向费奇诺①,我曾有此经历。我们可以仍然不同意(我打心底不同意上述这些作者),但是现在,我们第一次看到,为什么曾经有人的确同意。我们呼吸了新鲜空气,在新的国度自由行走。这国度你可能不能居住,但是你现在知道,为什么本国人还爱它。你因而对所有理论体系另眼相看,因为你曾经深入(inside)那一国度。从这一视角看,哲学与文学作品具有一些相同品质。我并不是指那些文学艺术,哲学观点可以藉以表达或不能藉以表达的文学艺术。我是指艺术本身,由特殊的平衡和思想布局和思想归类所产生的奇特的统一效果:一种愉快,很像黑塞笔下的玻璃球(出自同名著作)能给我们的愉快,假如它真的存在的话。② 我为此类新的经验而感

---

① 费奇诺(Marsilio Ficino,又译菲奇诺,1433—1499),哲学家、神学家和语言学家。他对柏拉图和其他古典希腊作家作品的翻译和注释,促成了佛罗伦萨柏拉图哲学的复兴,影响欧洲思想达两个世纪之久。(参《不列颠百科全书》第 6 卷 285 页)

② 【原注】Hermann Hesse 的 *Das Glasperlenspiel*(1943),由 R. Wiston 及 C. Wiston 译为英文,题为 *The Glass Bead Game*(伦敦,1970)。
【译注】赫尔曼·黑塞(Hermann Hesse,1877—1962)德国作家。其小说 *Das Glasperlenspiel*(1943)有张佩芬之中译本《玻璃球游戏》(上海译文出版社,2007)。

谢哈丁先生。①

---

① 即便不同意作者,也可以欣赏作品,这一观点也见诸苏珊·桑塔格笔下。她在《反对阐释》(程巍译,上海译文出版社,2011)中论及纳粹德国的一流导演里芬斯塔尔时说:

把莱尼·里芬斯塔尔的《意志的胜利》和《奥林匹亚》称为杰作,并不是在以美学的宽容来掩盖纳粹的宣传。其中存在着纳粹宣传,但也存在着我们难以割舍的东西。这是因为,里芬斯塔尔这两部影片(在纳粹艺术家的作品中别具一格)展现了灵气、优美和感性的复杂动态,超越了宣传甚至报道的范畴。我们发现自己——当然,不太舒服地——看见了"希特勒",而不是希特勒;看见了"一九三六年奥林匹克运动会",而不是一九三六年奥林匹克运动会。通过作为电影制片人的里芬斯塔尔的天才,"内容"已——我们即便假设这违背了她的意图——开始扮演起纯粹形式的角色。(第27页)

16　正经与语文①

Prudery and Philology

【译者按】色情文学,并不只是一个法律或道德问题,更是个文学问题。一个显见例证就是,画裸体可免于淫,写裸体就难免于淫。之所以有此分别,是因为媒介不同。文学之媒介乃文字。用文字去描写身体的隐讳部位,我们找不到像"手""脚"之类稀松平常的中性词汇,我们所用词汇都不免隐含着作者态度。所以在文学中,淫秽的是文字,而非事物。所以,反对文学中的淫秽非关维多利亚或清教徒

---

① 《正经与语文》,原刊于《旁观者》杂志第 194 卷(1955 年 1 月 21 日),第 63—64 页。

式的一本正经,而是心系文学。相反,假如取消掉一本正经,可能正是文学之大厄。

【§1. 也可从文学视角看文学中的淫秽。P87】新近,我们已经听过太多太多关于文学中所谓淫秽(obscenity)的讨论。这一讨论(自然而然地)主要从法律和道德视角来看问题。然而,这一话题也引发一个文学特有的问题。

【§2. 画裸体正常,写裸体则不正常。P87】只有在很少数社会里,尽管是有那么几个,画人类裸体被引以为耻:毫发毕现、巨细无遗,没有略去眼睛所能看到的任何东西。另一方面,却只有很少数社会,允许用文字对同一对象做同样毫发毕现的描述。这一无端歧视,到底原因何在?

【§3. 反对淫秽不只是道德反对。P87】在着手回答这一问题之前,让我们先留意,这一歧视的存在却足以了断一个广为接受的错误。它证明,对文学中所谓"淫秽"(obscenity)的反对意见,并非全是道德反对。假如全是道德反对,假如反对者仅仅关注的是去禁止那些可能挑逗欲望的东西,那么,对画中裸体(depicted nude)就应当和书中裸体(described nude)一样设禁。也许画中裸体更值得反对:

*segnius irritant*①，眼见之物（things seen）比听闻之物（things reported）更能动人。毋庸置疑，一些书及一些画，都纯是基于道德而遭查禁，因"挑逗情欲"而查禁。但我要说的不是这种特例，我要说的是，不准作家做的事却同意艺术家做。这时，就牵涉到了贞洁之外的关心。

【§4. 写裸体不免隐含评点。P87—88】幸运的是，关于为何有此分界，有一条极为简便的发现方法。就是做个实验。坐下来，画裸体。画完之后，拿起你的钢笔，尝试去描写。写完之前，你将会面临一个难题（problem），而此难题在作画时并不存在。当你碰到身体上那些隐讳部位，这时，你将不得不选择词汇。你将发现，你只有四个选项：儿语（a nursery word），古语（an archaism），俚语（a word from the gutter）或科学用语（a scientific word）。你不会找到任何像"手"或"鼻"那样平常、中性的文字。这会成为一个大麻烦。这四种语汇里无论你选择哪种，都将给你的写作赋予特定

---

① 路易斯在此引用一句拉丁文，接着对此语做了解释，故而不再汉译。此语典出自贺拉斯《诗艺》第179—182行："情节可以在舞台上演出，也可以通过叙述。通过听觉来打动人的心灵比较缓慢，不如呈现在观众的眼前，比较可靠，让观众自己亲眼看看。"（杨周翰译，人民文学出版社，1962）

色调(tone)。无论你愿不愿意,你必定要么写成儿语体(baby-talk),要么拟古体(Wardour Street),要么俚俗体(coarseness),要么行话体(technical jargon)。其中任何一种,都迫使你对你的素材隐含某种态度(这一态度并非你有意隐含)。这些文字迫使你这样去写,仿佛你认为它或有童趣,或有雅趣,或有鄙趣,或有学趣。事实上,白描(*mere description*)是不可能的。语言迫使你作隐含评点。在画画时,你无须去做评点,你听任线条自说自话(speak for themselves)。当然,我正在讨论的是最朴素的草图。真正艺术家的成品,当然包含对某物之评点。关键在于,当我们用文字而非线条之时,的确没有什么对应于草图(mere draughtsmanship)。钢笔(pen)往往比画笔(pencil)做得既多又少。

【§5. 凡事只有变为文字才能进入文学。P88—89】

顺便说一句,这是关于文学的所有事实中最重要的一个。没有什么格言比"诗亦犹画"[①]更没道理了。我们时常听

---

① 原文为拉丁文:*ut pictura poesis*。典出贺拉斯《诗艺》第362—365行:"诗歌就像图画:有的要近看才看出它的美,有的要远看;有的放在暗处看最好,有的应放在明处看,不怕鉴赏家敏锐的挑剔;有的只能看一遍,有的百看不厌。"(杨周翰译,人民文学出版社,1962)

说,凡事终究都能进入文学。在某种意义上,这可能对。但这是一个耸听的实话(dangerous truth),除非我们用这一陈述做一补正,即,除了文字没有什么可以进入文学,或者说(假如你喜欢)除非变成文字否则没有什么可以进入文学。文字,和其他任一媒介一样,有其自身特有的力量及局限(their own proper powers and limitations)。(举例来说,即便要去描写最简单的器具,文字也几乎无能为力。谁能用文字解释一把螺丝刀一副剪刀是什么样子?)

【§6.淫秽的是文字,而非事物。P89】这些局限之一就是,关于某些事物的普通名称(有别于儿语名称、古语名称及科学名称),就是"淫秽"文字。淫秽的是这些文字,而不是这些事物(It is the words, not the things, that are obscene)。也就是说,这些文字长久以来,或庄或谐地被用来进行侮辱、嘲弄和打诨。你无法在运用它们之时,不带来贫民窟、兵营或公立学校的气息。

【§7.反对淫秽非关维多利亚或清教徒。P89】当然,可能有人会说,这一事态——关于某些事物缺乏中性而又直截的文字——本身就是一本正经(precious prudery)的后果。即便这话没错,那也并非像无知者所说的那样,是"维多利亚式"或"清教徒式"的正经,而是前基督教的而且可能相当原始的正经。(昆体良①论同代人在维吉尔②作品中所发现的"下流"[indecencies],就可以令我们大开眼界;还没有一个维多利亚人曾如此好淫。)现代作家,假如他们希望把应允给画笔的那种自由,也引进到严肃写作(诙谐之作是另一回事),那么,他事实上可能正在树立更为可怕的敌手,比英国本土的(我们也可希望是临时的)现有法律可怕得多的敌手。他正在试图撕裂心灵之经纬。我并不是说,它不可能成功,更没说这一尝试邪恶。然而,在我们涉入这一宏图伟业之前,有两个问题值得一问:

【§8.作家无须拿公众趣味说事。P89—90】其一,是否值得?好作家难道没有更好的事情可做?因为,现有法律以及(难于出口的)现有趣味,并不能真正阻止任何名副其实的作家,去说他想说的话。假如我说当代人对文字媒介如此

---

① 昆体良(Quintilian,约35—96年以后),又译昆提利安,古罗马修辞学家与教师。代表作《雄辩家的培训》(共12卷)对教育理论和文学批评是一重大贡献。(参《不列颠百科全书》第14卷89页)

② 维吉尔(Virgil,公元前70年—公元前19年),又作 Vergil。罗马人奉之为他们最伟大的诗人。这一评价得到后世认可。其声誉主要来自其民族史诗《埃涅阿斯纪》。该诗讲述罗马传说中的建国者故事,并且宣告罗马在神的指引下教化世界的使命。(参《不列颠百科全书》第17卷543页)

生疏，以至于无论写什么主题，都不能逃脱法律，那么，我是在侮辱他们，说他们低能。许多人也许觉得，这种逃脱并不光彩。可是怎么会不光彩？恰如语言，感受力的现状（the contemporary state of sensibility）也是作家原材料的一部分。与其刻意回避媒介所带来的困难，逃脱法律（我承认这不大中听）的声名也不算太差。格律井严（difficult metre）亦可成就杰作，为什么就不能在另一种严格限制下完成？当作者过多攻击公共趣味时（我们可容许他们做少许攻击），是不是泄露其无能？他们所诋毁的，正是自己应加以利用的，也是自己首先通过顺从而最后加以转化的。

【§9. 淫秽方面的写作自由得不偿失。P90】其二，我们难道不会得不偿失？因为，去除所有的"正经"，当然会去除活泼泼的感受力（vivid sensibility）的一个领域，会抹掉一种人类感受（human feeling）。已经有那么多苍白的、没有生气的、中性的文字在游荡，难道我们还想去增加其数量？一个严格的道德家（strict moralist）可能会争辩说，人类古来对某些身体机能三缄其口，已经养育了这么多的神秘与好色（萧伯纳笔下的女孩说："离开了下流，就不可能解释正派"），以至于它不可能被一下子废除。然而，严格的道德家是对的吗?难道它一无是处?它是世界上四分之三的笑话的父母。在书面语言中去除正派之标尺(the standard of decency),两种结果必居其一。要么是阿里斯托芬①、乔叟②或拉伯雷③永远不会使你再发笑,因为其中笑话部分依赖于这一事实,即在提起那不宜提及的;要么,想起让人后怕,我们在酒吧里听到口传段子([oral *fableau*]并非常常是恶意的或好色的),将会被写出来的专业段子代替并杀死。恰如我们50年前所玩的客厅游戏,如今由专业人士替我们在空中电波里玩。我敢保证,下流猥亵的故事(the smoking-room story),是最末的也是最低的民间艺术。然而,它成了我们的唯一。难道作家们不应为了保护民间故事,对他们自己的词汇略有节制?

---

① 阿里斯托芬(Aristtophanes,约公元前450年—公元前388年),古希腊最著名的喜剧作家,也是作品保存数量最多的古希腊喜剧家之一。(参《不列颠百科全书》第1卷461—462页)

② 乔叟(Chaucer,约1342/1343—1400),莎士比亚之前的一位杰出的英国作家、英国最伟大的诗人之一,代表作《坎特伯雷故事集》。其作品始终呈现出无所不在的幽默感,而这种幽默感又和他对一些重要哲学问题所做的严肃和宽容的思考结合在一起。(参《不列颠百科全书》第4卷85页)

③ 拉伯雷(Rabelais,约1494—1553),法国作家,牧师。对同时代人来说,他是医生和幽默作品《巨人传》的作者。(参《不列颠百科全书》第14卷96页)

17　谈谈牛津剑桥①
Interim Report

【译者按】牛津与剑桥,大同小异。其中一个大同之处在于,二者都有两种致命的恶。一是学生越来越没有教养,一是人文学科也讲科研成果讲求创新。路易斯当日之牛津剑桥尚且如此,何况今日之其他大学。

【原编者按。P92】本文是《剑桥评论》所刊登的比较牛津与剑桥的系列文章之第一批,其作者均对两所大学有所

---

① 《谈谈牛津剑桥》,原刊于《剑桥评论》(*Cambridge Review*)第77卷(1956年4月21日),第468—471页。本文原标题为 Interim Report,字面义乃"中期报告"。为突显文章题旨,改译为"谈谈牛津剑桥"。

了解。1925—1954年,路易斯作为牛津大学抹大拉学院(Magdalen College)英国语言文学导师(Tutor)①。辅导之余,亦为大学授课。1955年1月,路易斯在剑桥大学任中世纪与文艺复兴英国文学教授,乃担任讲座教授,而非辅导课。这一教席属于剑桥大学莫德林学院(Magdalene College)②。

【§1. 开场。P92】在比较我的新大学和旧大学时,最

---

① 路易斯所担任的导师,与国内导师大不相同。牛津剑桥对本科生实行导师制(tutor system),一对一授课,每周一次。李若虹《在牛津和哈佛求学》(华东师范大学出版社,2009)一书第四章详细介绍这一古老制度,其中说:

导师制是英国的牛津大学和剑桥大学内一种传统的授课方式,其中心内容就是每周一次(频率也许会因年级、专业和课程而异),导师对学生进行一对一的授课,师生之间就学业做一对一的交流和探讨。师生见面的时间并不长,但是效率和强度都很高。导师每个星期布置的阅读任务和授课时要朗读的短篇论文,学生都得在下一次授课之前按时完成。不仅要消化应该消化的阅读内容,同时还要对所阅读的典籍做深入独到的思考,然后写出一篇短论文。下一次授课时,带着论文去见导师。授课一开始,学生就得向导师大声朗读写的论文,然后,师生就这篇论文的主题、论点和论据展开讨论,相互切磋。一个多小时的授课接近尾声时,导师就布置下一周的阅读任务和论文的主题。每周如此,从专业上的一个主题转到另外一个主题,从一个名家的经典著作读到另一个名家的。

② 牛津剑桥都有莫德林学院,其英文名略有不同。为表示区别,牛津大学译为抹大拉学院,剑桥大学译为莫德林学院。

大困难当然在于,要把两所大学之别与我自己两地生活之别区分开来。我的效忠对象的变迁,与我社会地位的变迁,恰巧同时发生。在牛津,我是一个忙碌的大学教师,在这里,我则是个坐办公桌的(chair-borne)。这是个巨大变迁,而且有抹除其他变迁之势。除此之外,还有任何新生活方式以及新景观通常会给一个五十多岁人带来的那种重回青春之感。这些因素,都会不可避免地扭曲我的观察。

【§2. 泛论牛津剑桥。P92—93】因而,我首先要跳到那些简单、永久且定然客观的事物上去。关于剑桥,首要而且最明显的就是其光辉的无(glorious negation):我们这里没有纳菲尔德子爵①。说到底,我们仍然是乡村小镇。其轻松(relief),其自如(liberation),每天都让我耳目一新。在某种程度上,轻松得有些怪异,因为它仿佛使我回到过去。牛津曾被描述为"考利的拉丁区"(the Latin Quarter of Cowley),这并非名不副实;如今剑桥,更像我所初识的牛

---

① 【原注】1913年,威廉·理查德·莫里斯(William Richard Morris),也即后来的纳菲尔德子爵(Lord Nuffield),在考利开设了一家汽车厂。此厂距离牛津中心区,约两英里;距离路易斯的家,则只有一英里。1930年代以来,莫里斯公司(Morris Ltd)主宰了考利,使得牛津既是一个大学城又是一座工业城。

津。这时,可能又牵涉到另一个因素。我在牛津的一个小学院接受教育。如今,非常荣幸也非常高兴,居留于剑桥的一个小学院。其中间,则横亘着在抹大拉学院的忙碌岁月。因此这一变迁使我觉得,仿佛返老还童。① 要是我仅仅凭借抹大拉学院与莫德林学院来评断牛津与剑桥,那么我就愿意说,我所听到的关于两所大学的一切说法都是对的,除了这些描述在某种程度上可以互换而外。人们说,牛津进取(progressive)、革命(revolutionary)、实际(practical),而剑桥平静(stately)、绅士(gentle)、宽松(indulgent)、传统(traditional)。人们说,在这里而不是在那里,我们发现中世纪之遗韵。毫无疑问,这种概括过于匆忙。然而其中有些许真理。如剑桥更华丽(gorgeous)。穿礼服更经常;筵席也更丰盛。

【§3. 牛津之哲学,剑桥之文学批评。P93】转向那些更难估量却又更为重要的事情时,我又遇见了一个"无"

---

① 原文是 as if I had been with Aeson in the cauldron。为求文字畅达,意译为"仿佛返老还童"。典出希腊神话。Aeson(埃宋),是伊阿宋的父亲,美狄亚借助魔法,成功让他返老还童。cauldron 即指美狄亚施返老还童术时用来熬制草药的铜锅。此段典故见俄国库恩编著《希腊神话》(朱志顺译,上海译文出版社,2006,第 193—195 页)。

(negation)。对我而言,剑桥最为奇怪的一点就是哲学家的缺席(the absence of philosopher)。当然,这里曾经有而且现在也有伟大的剑桥哲学家;在很大程度上,当代牛津人的哲学的确再现了剑桥的成功入侵。然而,这一点很明显与哲学家的缺席相一致。我在这里几乎没遇到哲学家。更重要的是,当他在身体意义上缺席之时,就不再像牛津那样仍在实质上或精神上主导现场。你可以和剑桥的先生(dons)①通宵畅谈,一次也听不到 qua② 这个词。你可以遇到不折不扣的古典学者,他并不将《理想国》和《尼各马可伦理学》③作为共同基础;他为全世界做出表率,仿佛二者(牛津人文主义之左右两肺)只是两个古典文本,和其他古典文本一样。这令人震惊,也令人耳目一新(我个人从不认为《理想国》特别配得上其在牛津的地位)。后来我发现,在牛津由哲学所占据的位置,在剑桥则由另一学科占据。这一学科超出其生身院系,浸渗到

---

① don 在此专指牛津剑桥之教师,译为先生,以显其古风犹存之意。
② 拉丁语,略相当于英文 as。如 the work of art qua art,就是"作为艺术的艺术作品"之意。
③ 【原注】柏拉图的《理想国》及亚里士多德的《尼各马可伦理学》。

其他院系。关于这一学科,假如大一新生还想成为一个人物,就必须去修。这就是文学批评(这两个词都尽可能地大写)。在牛津,你在哲学家那里讨不到安全;在这里,则是批评家。

【§4.谈宗教态度的不同。P94—96】由于每个人都会问我,我怎么看两个大学的宗教,所以,我觉得必须马上就此话题说点什么。碰巧,我已经形成一个颇为确定也颇为奇怪的印象。关于这一印象,我满心承认,它可能并不成熟。我就说说那可能有点价值的。一方面,我想,无论先生还是学生,接受或践行某种基督教的比率,剑桥都高于牛津。在这里,假定每一个碰巧跟你谈话的人都是不信者(unbeliever),这不太保险。另一方面,当不信教确实出现在这里时,它往往比在牛津更好斗,更自觉,更有组织,更兴致勃勃,甚至更意气昂扬。在那里,我认识大量的不信上帝之存在的人。然而,他们之不信上帝,与不信矮人精灵或不信能飞的茶托相差无几。这一话题很少被提起。他们的怀疑漫不经心,无须郑重其事,亦视为理所当然。我真怀疑,你是否能够在那里基于那一否定命题,建立社团或发起"运动"(Movement)。牛津的无神论者多于剑桥,假如我的这一看法没错,那么,这就当然可以解释他们的态度:他们之阵营如此强大,足让他们不以为意。然而,我并不认为这就是全部真相。我禁不住想,牛津的怀疑主义与剑桥的怀疑主义具有不同的谱系。我怀疑,牛津的不信者的父亲,可能是 19 世纪英国教会的一个阳奉阴违的成员,其祖父则可能是一个领班神父。而在其剑桥同侪背后,我猜测是个一位论者(Unitarian)①,再往后,则是个异议者(dissenter)②,再往后则是个克伦威尔派(Cromwellian),最后则站着一个带有卡特赖特(Cartwright)③烙印的清教徒。他念念不忘宗教迫害——"严厉打击顽强承受"④。他(非常正确地)极为

---

① Unitarianism,汉译"上帝一位论",强调在宗教中自由运用理性,一般主张上帝只有一个位格,否认基督的神性和三位一体论的一种宗教运动。(参《不列颠百科全书》第 17 卷 324 页)

② 异议者(Dissenter),亦称"不从国教者"(Nonconformists),指英国历史上拒绝遵从英国国教(英国圣公会)的实践、规则和教义的新教徒。他们中大部分人也被称为清教徒。(参 http://tuilanu.blog.sohu.com/143000178.html)

③ 【原注】托马斯·卡特赖特(Thomas Cartwright, 1535—1603),清教神学家,1550 年获剑桥大学圣约翰学院奖学金,这一学院当年支持宗教改革。1569 年,在剑桥大学被任命为 Lady Margaret Professor。然而他对英国教会体制的有力批评,使得他丢掉教职。在日内瓦短暂居留之后,他积极推进长老派清教徒主义。

④ 原文为"stern to inflict and stubborn to endure"。语出骚塞(Robert Southey)《致科特尔》(*To A. S. Cottle*)一诗第 13 行。该诗暂未找到中译文,故而草率直译。

关心自由。他是一个热切的反教权者(anti-clerical)。他常常好像真的相信,劳德(Laud)或玛丽(Mary)①会随时复辟。对一个刚离开牛津的新来者而言,可能首先略略感到一些尴尬。然而,终其究竟,却着实令人羡慕。假如所有这些热情都能用来针对现在确实威胁我们的自由的那些人,那么,它就具有很高价值。同时,我也喜爱对轻浮(flippant)的激烈态度,而轻浮曾经是(现在要少一些了)典型的牛津习气。因为那里有无底洞一样的令人生厌的都市气。

【§5. 谈老大学气象。P96】在前人所称的"气象"(the manners)方面——社会风气——我想我开始察觉到一些不同。然而,去描述这些不同极有可能是误导,除非我从一开始而且不遗余力地强调说明,在更为广阔的视野内,这些差

---

① 【原注】威廉·劳德(William Laud, 1573—1645),任圣大卫主教时,挑起一场争论,其中他主罗马天主教廷和英国教廷是同一天主教廷的两个部分。1633年任坎特伯雷大主教时,因试图推行仪式划一,而激起清教徒强烈敌意。玛丽·都铎(Mary Tudor, 1516—1558),亨利八世与凯瑟琳(Catherin of Aragon)的女儿,1553年为英国女王。
【译注】玛丽一世(Mary I, 1516—1558),英格兰第一位女王(1553—1558),又名玛丽·都铎。因迫害新教徒,企图在英格兰恢复罗马天主教而被称为"血腥玛丽"。(参《不列颠百科全书》第10卷531页)

异微不足道。与来自红砖大学①的人、或与来自美国大学或欧陆大学的人交谈,用不了五分钟,你就会明白,牛津剑桥相比是何其相似,二者任一与其他大学相比又多么不同。只有熟知二者的眼睛,才会分辨其不同之处;它们恰如孪生子,只有亲生父母才能分辨。有个事实可以证明这一点:我现在听到的讲述剑桥著名"人物"的许多故事,与我曾经听到的讲述牛津著名"人物"的故事,极为相似。它们可能都同样虚假,然而很明显却同样合情合理,抑或二者兼而有之。那时,我常常碰见这样一些人物,"年长而又德高望重"的先生——固执,风趣,"幽默"(此词之古义),博学多识,温而且厉②(好盘子碎了都割手)。我当时担心,这可能会因我之工作变动而失去。我必须为此担心而道歉。可是,假如剑桥人调任牛津,他不也有同感么?已经证明这是杞人

---

① 红砖大学(Red Brick University),简称 redbrick,原义专指早在英国工业革命和大英帝国时期的维多利亚时代,创立于英国英格兰六大重要工业城市,并于第一次世界大战前得到皇家特许六所市立大学:布里斯托大学、谢菲尔德大学、伯明翰大学、利兹大学、曼彻斯特大学和利物浦大学。这六所大学,是除剑桥大学和牛津大学以外英国最顶尖、最著名的老牌名校。因校舍为红砖所建而得名。如今,此词则泛指 19 世纪末 20 世纪初在英国主要城市建立的市立大学。(参维基英文百科)

② 原文是 amidst all their kindness merciless leg-puller,译文借《论语》"子温而厉"之语意译。

忧天。"你所要找的就在这里"①:纯净、沉着的牛剑(pure, cool Oxbridge②),人文研究之花,英格兰之出色之处。

【§6. 一些微末差异。P97】大同之后,便是小异。我想(但这可能是偶然幻觉),牛津的先生,无论已婚还是单身,都更像旷男。在你登门造访之前,你早已在酒吧或高桌晚宴(High Table)③上碰见他了(我在牛津认识几个外来

---

① 【译注】原文是拉丁文:*quod quaeritis hic est*。
【原注】意为"What you seek is here"。为什么路易斯用拉丁语?欧文·巴菲尔德认为,他可能有意暗指《马太福音》二十八章5—6节。在拉丁文本《圣经》里,天使对空墓里的妇女说:"不要害怕!我知道你们是寻找那钉十字架的耶稣。他不在这里。"Nan Dunbar女士认为,路易斯脑海里可能是"一个记忆不完整的短语",出自贺拉斯《书简》第一卷第11函29—30行(*Epistles* I, xi, 29—30)。贺拉斯对Bullatius说:"我们乘船坐车寻求美好生活",然而"你所寻找的就在此处"——"它就在Ulubrae"——即一个几近废弃的小城)——"只要你灵魂宁静"。

② 牛剑(Oxbridge),或译牛桥,是英国两所最知名的大学牛津大学和剑桥大学的合称,两所大学之间因有着许多的共同点而常常被人以"牛剑"合称。"牛剑"一词的说法则最早起源于英国作家威廉·萨克雷(William Thackeray)1849年完成的小说《潘登尼斯》(*Pendennis*),故事中的主人翁潘登尼斯想到一所叫"牛剑"的大学求学却没有被录取。到了20世纪中叶,"牛剑"这一词才逐渐被人接受,而小说中另一个合成词"剑津"(Camford)却被人遗忘。(参维基中文百科)

③ 高桌晚宴(High Table Dinner)来自牛津、剑桥大学,是指提供给学院院士及客人使用的餐桌。牛津大学每年三个学期,每学期八周,每周二晚都有"高桌晚宴",供在校教授和学生们邀请校外亲朋好友参加。中古时代这一正式餐会的主要目的是,为学生和教授们提供传统正式的社交,并交换各种研究心得。

户,他们对此颇为不解大伤脑筋)。牛津没有大学活动室(University Combination Room)。直到最近——我对打破此传统略有贡献——你不可能遇见女性同事,除非在学院议事会(the Board of the Faculty)或正式宴会(a full dress dinner party)上。在大学时期,我认为 Junior Common Room①比 Junior Combination Room②更有价值。但这可能因学院而异。

【§7.大学里的两种恶。P97】当然,并非二者所有共同之处都可欲。③ 在牛津有两种恶(或者说我认为恶),我以为已经甩在身后,没想在这里又碰见了。

【§8.学生越来越没有教养。P97—98】第一点,需要慎重从事。所需要的慎重,可能超乎我之所有。但兹事体大,不能略去不提。两个地方,大部分大学生在我看来,都是非常有教养的人(nice people),比康普顿·麦肯齐爵士(Sir Compton Mackenzie)所描写的1914前的年份有教养得多。④但在

---

① 牛津大学的学生社交室。
② 剑桥大学的学生社交室。
③ desirable 译为"可欲",取孟子"可欲之谓善"之意。
④ 【原注】见《险恶街道:1913—1914》两卷本(*Sinister Street*, [two volumes, 1913—1914])。

两地,都有少数不幸的年轻人,他们很像"愤青"(malcontents),能为詹姆士一世时期的戏剧充当反面人物。他们好像怀有积怨或不满:面无表情,双唇紧绷,两眼发红,眉头紧锁,灰头灰脑。① 他们粗鲁(rude),但不是懵懂少年那种可以原谅的笨拙(我恨那些年长人对此横挑鼻子;我们都曾乳臭未干),而是为人原则方面的粗鲁。他们粗鲁,是为了"健全"(integrity)或其他同样可恶品德。② 这之所以是个事,有两个原因。其一,他们使我们担心,我们的录取方法可能出了某些问题,招生数量是否过大(学术过剩[acdemic overproduction]可能成为真正的威胁),或者教育的梯级结构(其本身是一件可羡之事)出了问题。其二,我担心,假如任其延续,他们将会成为未来三十年国家生活里极为危险的因子。这些人都是未来的校长、报人,或者等而下之,是

---

① 原文是 tense, tight-lipped, hot-eyed, beatle-browed boys, with cheeks as drab, but not so much smooth, as putty. 拙译全系直译。

② 路易斯在《人之废》(邓军海译,华东师范大学出版社,2015)第三章第18段,曾描述人类道德观方面的古今之变:"曾几何时,我们杀坏人;如今,我们清算不群分子(unsocial elements)。德性已经变成人格健全(*integration*),勤勉变成了活力(*dynamism*),那有可能担当使命的孩子则成了'干部后备队'。更绝的是,节俭和节制的德性,甚至普通理智(ordinary intelligence),竟然成了销售阻力(*sales-resistance*)。"其中德性沦为人格健全,乃心理学或心理分析进入道德领域之表现。

持有学位的失业者。他们能够从事大破坏。

【§9. 在人文学科领域讲求科研成果,无异于杀。P98—99】另一个恶(在我看来)就是"科研"(Research)这一梦魇。我相信,之所以设计这一体系,是为了吸引美国人,为了仿效科学家。然而最明智的美国人自己已经为此头疼。其中一个曾给我说:"我猜我们开始要在每位公民出生后不久,给他一个博士学位,就像要给他洗礼或种痘一样。"现在看来昭然若揭的是,人文学科之需要不同于自然科学之需要。在科学中,我总结,刚通过学士学位考试的优等生,可以真正分担前辈之工作,这不仅于他们自身有益,也于学科有益。然而,对于新近获得英语或现代语言优等生身份的人来说,情况就不一样了。这样一个人,不能或无须(就其名分而言他不笨)为人类知识增砖添瓦,而是要去获得更多我们已经拥有的知识。他后来开始发现,为了跟上他刚刚萌发的兴趣,他还有那么多的事情需要知道。他需要经济学,或神学,或哲学,或考古学(往往还有更多的语言)。阻止他从事这类学习,把他固定在一些细枝末节的研究上,声言填补空白,这既残酷又令人沮丧。它浪费了一去不复返的青春年华,因为古谚云:"一日之计在于晨。"(All the speed is in the morning)使这一体系保持运转的是这一事实:假如没有"研究成果"(research degree),想获得一个学术职位越来越困难。这两所古老大学可否团结起来,做些事情,以破除这一糟糕惯例?

【§10. 收场。P99】还有其他……但是,我猛然记起了史蒂文森(Stevenson)的第十二则寓言。你知道,它这样结尾:"他们把陌生人埋入尘土。"①

---

① 疑指罗伯特·路易斯·史蒂文森(Robert Louis Stevenson, 1850—1894),苏格兰随笔作家、诗人、小说家和游记作家。以《金银岛》(1881)、《绑架》(1886)、《化身博士》(1886)和《巴伦特雷的少爷》(1889)闻名于世。(参《不列颠百科全书》卷十六 213—214 页)至于路易斯在此引用的这个典故,出处未知。

18 史学岂是废话①
Is History Bunk

【译者按】本文主要驳斥文学史研究中的福特主义。这一史观认为,假如文学史不能服务于文学批评,文学史研究就没有正当性。在反驳此一文学史观之时,亦涉及历史研究的古今之别,亚里士多德的自由学术与福特主义之别,文学史研究与文学批评之别等问题。在路易斯看来,文学史本从属文化史,而福特主义则让文学史从属于文学批评。这也就说明,不盘点福特主义的假定,就无从讨论历史研究之意义。

---

① 《史学岂是废话》,原刊于《剑桥评论》(*Cambridge Review*)第78卷(1957年6月1日),第647、649页。

【§1. 史学正当性的古代证明：以史为鉴。P100】历史冲动(historical impulse)——对人们在过去想些什么做些什么以及为何所苦的求知欲——尽管并非人人皆有(universal)，却也源远流长(permanent)。对于满足这一冲动的著作，已有许多不同的正当性证明(justifications)。巴伯的《布鲁斯之歌》①提供了一个很简单的正当性证明。其中说，精彩故事无论如何都"引人入胜"，要是它碰巧还真实，那么我们就会得到"双重喜悦"。② 然而人们往往提出的是更为严正的动机(graver motives)。历史因其教益或镜鉴而得到捍卫。在伦理方面，历史学家赋予死者之令名或恶名，会教导我们留意自身道德；在政治方面，看到民族灾难如何在过去降临，我们可以学到如何在未来避免。

【§2. 史学正当性的现代证明：为知识而知识。P100】随着历史研究的发展，它越来越像科学，就越来越没有信心

---

① 【原注】约翰·巴伯(John Barbour, 1316? —1395)，大约在1375年撰写诗歌《布鲁斯之歌》(*The Bruce*)，讴歌独立战争及国王罗伯特和詹姆斯·道格拉斯之事迹。

② 典出巴伯《布鲁斯之歌》第1—5行："Storys to rede ar delitabill / Suppos that thai be nocht bot fabill / Than sul storys that suthfast wer / And thai war said on gud manner / Have doubill pleasance in heryng."

提出上述正当性证明。现代史家不再像古人一样,急于别国君之善恶。我们所知越多,政治家所得的前车之鉴,就越来越不明显。越来越凸显的则是每一历史情境的独一无二(uniqueness)。最后,绝大多数关心历史的人都发现,这样说更保险更坦诚:承认他们研究历史,其实是在为了知识(for its own sake)而寻求关于过去的知识,就像其他人寻求关于星云的知识一样;承认他们在满足人的"自由"求知欲("liberal" curiosity)。

【§3. 亚里士多德的自由学术。P101】"自由"求知欲以及满足这一欲求的"自由"学术("liberal" study)的观念,来自亚里士多德:"当一个人为自己的生存而生存,而不是为了别人的生存而生存,我们称他为自由人(freeman)。同理,哲学是所有学术中唯一自由的一个:因为只有它为学术自身而存在。"(《形而上学》982b)① 当然,此处之哲学并不

---

① 路易斯所引《形而上学》的英译文是:We call a man free whose life is lived for his own sake, not for that of others. In the same way philosophy is of all studies the only free one; because it alone exists for its own sake.

对参吴寿彭先生中译《形而上学》(商务印书馆,1959),文意略有出入。吴先生之译文是:"只因人本自由,为自己的生存而生存,不为别人的生存而生存,所以我们认取哲学为唯一的自由学术而深加探(转下页注)

像当今那样,是指各类科学专业化之后的余物。而且,亚里士多德或许无论如何也不想让哲学一词涵盖历史(参见《诗学》1451b)①。这无关大碍。因为他所提出的这一学术观念,即这种只为自身而不为自身之外任何目的的学术观念,给我们在大学所从事的大多数活动提供了许可证。

【§4. 现代学术中的福特主义。P101】当然,这一观念(亚里士多德仅仅针对自由人)常常令某类人困惑甚至反感。总有人会认为,超出船长之航海需求的天文学,就是浪费时间。也常常有这号人,一旦发现史学派不上实际用场,就断定史学就是废话(Bunk)。亚里士多德会把这叫作"奴性"(servile)或"匠气"(banausic)。我们,就稍微客气一点,

---

(接上页注)索,这正是为学术自身而成立的唯一学术。"(《形而上学》982b)

参照亚里士多德的自然奴隶说,吴先生的中译文里"只因人本自由"之语,更像卢梭,而非亚里士多德。故而,拙译暂不从吴译,直接依路易斯之英译文译出。

① 陈中梅译注《诗学》(第九章)1451b:"诗人的职责不在于描述已经发生的事,而在于描述可能发生的事,及根据可然或必然的原则可能发生的事。历史学家和诗人的区别不在于是否用格律文写作(希罗多德的作品可以被改写成格律文,但仍然是一种历史,用不用格律不会改变这一点),而在于前者记述已经发生的事,后者描述可能发生的事。所以,诗是一种比历史更富哲学性、更严肃的艺术,因为诗倾向于表现带普遍性的事,而历史却倾向于记载具体事件。"(商务印书馆,1996)

唤它福特主义(Fordism)。①

【§5. 专门史研究与自由学术。P101】随着历史学术的进步,几乎不可避免而且不难理解的是,断代史或专门史会兴起。整个过去,即便在一个有限时段,也变得过于庞大。于是,我们就有了关于人类特定活动的历史——法律史,造船史,服饰史,烹饪史,建筑史或文学史。它们的正当性,与通史相同(所谓通史,往往是指战争史和政治

---

① 汽车大亨福特(Henry ford,1863—1947)在一次访谈中曾说:"历史或多或少是废话。"(History is more or less bunk)该访谈刊于1916年5月25日《芝加哥论坛报》后,此语便不翼而飞,简化为"历史就是废话"(History is bunk)。本文之题目,针对的就是福特的这一名言。

《不列颠百科全书》这样介绍亨利·福特:

亨利·福特的一生大部分时间都在为报纸制造头条新闻,其中有好的,也有坏的,但决不是无关紧要的。他既被誉为技术天才又被誉为民间英雄,是推动一门具有空前规模和财富的行业前进的创造力;这门行业仅在数十年间就永久性地改变了美国的经济和社会性质。1879年年轻的福特离开其父的农场前往底特律时,8个美国人中仅有2个住在城市;而当他83岁去世时,此项比例却上升到5/8。一旦福特认识到他和他的T型汽车在实现在这一变革时所起到的巨大作用,他无论如何也要将其逆转过来,至少也要重现其童年农村生活的准则。福特是农业美国向工业美国过渡的恰当象征。(第6卷380页)

由于福特之巨大影响,又由于其毁誉参半,故而福特主义(Fordism)成了众多社会理论和管理研究里的一个关键词。赫胥黎(A. L. Huxley)的著名反乌托邦小说《美妙的新世界》(Brave New World)所呈现的就是,假如福特主义宰制世界,人类会成为一副什么面孔。这也许就足以说明,福特主义为什么会牵动那么多哲人的神经。

史)。它们的存在,满足了自由求知欲。过去人们如何及为何着装、建筑或写作,为何他们喜欢那种方式,喜欢那类东西他们感受如何——探求关于这些问题的知识,是为了知识自身。

【§6.福特主义与法律史。P101—102】显然,福特主义观点也可用于专门史。人们可能坚持认为,只有产生实践效果,法律史研究才有合法性。他们会说,法律史研究或应当研究那些"有价值的"(the valuable)。法律史应当注意坏的法律和不公正的审判模式,仅仅因为或仅仅限于,这些东西能教我们更为充分地欣赏19世纪的法律实践,能教我们更顽强地抵抗20世纪下半叶可能会降临我们头上的东西。这当然是一件值得之事。但是,声称法律史之生存权全赖于完成此等徭役,只有死心塌地的福特主义才会承认。我们这些其他人则感到,我们应当乐于了解并理解先人的法律行为及法律思想,即便从中得不到任何实际收益。

【§7.福特主义与文学史研究。P102】当前,最容易受此类攻击的专门史,当数文学史。梅森先生(Mr Mason)近期在《剑桥评论》中说:"文学史研究的是有价值的东西。

研究小人物,只有在有助于理解大人物时,才有正当性。"①当然,假如我们承认,文学史学科本是、或者能是、或者应是文学批评的后勤,那么我们会同意梅森先生。可是,我们为什么要如此承认?

【§8. 文学史从属于文化史,而非文学批评。P102—103】让我们弄清问题所在。假如某人说:"我对仅仅作为历史的文学史研究没有兴趣。"我们不会和他争论。我们可能回答:"我则异于此。我们各行其是好了。"假如他说:"我认为文学批评比文学史知识重要几十倍。"我们则会说:"这无疑是一个说得过去的看法。"假如他说:"文学史不是文学批评。"我将打心底里同意。这也正是我的观点。研究以往的文学形式、风格及情感,尝试理解他们如何演化以及为何如此演化,假如可能,则藉一种训练有素的同情(instructed empathy)让他们迎合的那些趣味在我们身上暂时复活——这在我看来与其他任何学科一样合法(legitimate)一样自由(liberal)。甚至可以说,没有它,我们关于人的知

---

① 【原注】H. A. Mason, "Churchill's Satire", a review of *The Political Works of Charles Churchill*, ed. Douglas Grant (1956) in The *Cambridge Review*, vol. LXXVIII (11 May 1957), p. 571.

识就大有缺憾。当然,它并非文学批评的一个专门(department)。它是某专门史(文化史[Kulturgeschichte])的一个专门。如此,它有自己的立足之地。对只有批评兴趣的那些人,它可能碰巧有用,也可能碰巧无用。它不因此而受评判。

【§9. 文学史与文学批评互有重叠,但不可混淆。P103】当然我会承认(预计梅森先生也会承认),文学史与文学批评可能重合。它们常有重合。文学史家常常容许自己做些价值评判(valuations),而文学批评家则常常让自己为一些文学史命题负责。(你视约翰·邓恩诗歌的某因素为新,你就要为这一文学史命题负责,即在此前诗歌中看不到它。)我也会同意(假如这正是他的部分意思),这一重合往往生混淆之虞。文学史家(一如宪制史家)可能会傻乎乎认为,他们一旦追溯了某物之流变,他们就在某种程度上证明了它的价值。而文学批评家则可能意识不到,在他们的价值评判之中,潜藏着(往往靠不住的)历史意涵(historical impilcations)。

【§10. 作为历史的文学史与文学批评迥异。P103—104】然而,假如梅森先生否认文学史的生存权,假如他说除非作为文学批评的一个手段(means)否则就不必研究文学史,那么我想,他的立场远非不言自明,且应拿出证据。我想他是持此否定态度。假如我们把文学史当作历史加以珍视,那么显而易见,我们既要研究粗劣之作又要研究上乘之作。作为文学史家,一度流行的粗劣之作,是个挑战。恰如一些明显非理性的机构,对政治史家是个挑战。我们要去了解,这等货色如何得以写出以及它缘何得到喝彩。我们要去理解,使之引人的全部思想风气(ethos)。你知道,我们的兴趣在于人。我们并不要求任何人都应当和我们志趣相投。

【§11. 必须盘点福特主义的假定,否则无从讨论历史研究之意义。P104】整个问题还须进一步讨论。但是我想,进一步讨论将不得不追本溯源。可能不得不去质疑亚里士多德(或纽曼)①关于自由学术的观点。福特主义可能

---

① 约翰·亨利·纽曼(John Henry Newman,1801—1890),维多利亚时代的著名神学家、教育家、文学家和语言学家。1851年,出任新创办的都柏林天主教大学校长。1852年,他在都柏林为宣传这所新办的大学作了系列演讲。这些演讲后经修改,再加上他在其他场合所作的有关大学教育的演讲,合成《大学的理念》(*The Idea of A University*)一书。浙江教育出版社 2001 年出版徐辉等人之中文节译本,中译书名《大学的理想》。

会得到一些精彩辩护。我们则可能不得不问,文学批评本身是目的(end)抑或只是一个手段(means),假如是手段,又是什么的手段。在这一问题没有厘清之前,我就不愿意文学史一案仍照常审理。延迟讨论之时,我们不能放过这一假定:这一历史门类,和其他门类不同,除非它给当下产生某种利好,否则就须遭受谴责。

19　文学中的性
Sex in Literature

【**译者按**】在查泰莱夫人案中,企鹅图书胜诉,很多人为之欢呼。其实,这本非什么所谓的解放或进步,因为无论

---

① 《文学中的性》,原刊于《星期日电讯报》(*The Sunday Telegraph*),第 87 期(1962 年 9 月 30 日),第 8 版。有编者按语介绍这篇文章:

我们面临着道德危机,这一点,在小说家对待性的问题上,表现得最明显不过。难道我们不应承认,当我们希望文学有益之时,文学事实上却有害? 那些把不正常性行为作为题材——应当承认有时带着很强的艺术动机——的现代小说,难道没有把其中人物的不正常行为加以普及,并使之流行,且得到容许么? ……我们邀请批评家、小说家及基督教护教者 C. S. 路易斯博士,就此事发表看法,并请他进一步谈谈关于这一切的法律态度应是怎样。这就是他的文章。

胜诉败诉,都不是什么大事;更不值得自豪,因为这一案件本身之审理,疑窦丛生。

【§1—2. 从宽处理不一定是好事。P105】

听说,导致我们抛弃老刑法典的原因之一就是这一事实,即随着陪审团越来越人性(humane)他们索性拒不定罪。虽然证据确凿,被告席上的那个饥寒交迫的女孩,确实偷了一条手帕。但是他们不想让她因此被绞死,故而他们转而裁决无罪。

人不再因小过犯而被绞死,这显然是个好的变化。但是,公然错判并非带来这一变化的最佳途径。让审判结果依赖于特定陪审团的个人道德哲学,而不依赖于法庭上得到证实的东西,这不是件好事。首先,那个程序,尽管在此案中导向宽大为怀(lead to mercy),在彼案中却产生相反后果。①

【§3—5. 审判变成演戏为恶更甚。P105—106】

在我看来,道理(the moral)很明白。当一个国家的主流道

---

① 托克维尔在《旧制度与大革命》(冯棠译,商务印书馆,1992)中说:"刑罚越轻,越容易忘记宣布刑罚的方式。温和的判决掩盖着诉讼程序的恐怖。"(第220页)可与路易斯在此强调司法程序之重要,互相参证。

德,过分地不同于其法律中所预设的道德,那么,法律必须或迟或早做出修正,以适应道德。他们越早动手修正,越好。因为,在他们做出修正之前,我们难免在欺骗,做伪证及混淆是非。

不管法律所蕴含的道德,是高于还是低于主流道德,这一条都同样适用。假如我们道德提升,法律必须上升至我们的水准;假如我们道德沦落,法律必须随之降低标准。法律降低标准,相对于所有审判程序都变成演戏来说,可能为恶更少。

假如我们不再谴责谋杀,我们无疑会成为白痴或恶棍。要是真如此,我们就最好承认这一事实,并相应调适法律,而不是去将一个确实犯了谋杀罪的人无罪开释。

【§6—9. 关于淫秽文学,法律与主流道德不一致。P106】

然而我相信,这正是我们处理"淫秽"或"伤风败俗"文学的实际处境。就老法律——因为已经开始折衷——所承载的道德而言,手淫、性倒错、未婚同居及通奸,都是恶。因此(并非逻辑意义上的因此),出版那些看来会鼓励此等行为方式的书籍,会遭谴责。

现代知识人——他们充当"专家证人"(expert witnesses)——的道德,与此不同。假如说得详尽且坦率,我相信他们会这样说:"尽管我们不能保证这些事情就是恶,但我们却能保证,它们不是法律所应关心的那类恶。"

我的看法是——仅仅是为了做个了断——它们是恶,但是除通奸(adultery)外,法律不应关注它们。通奸是法律之事,只是因为它违反了霍布斯原理:"信守契约"①。违反契约这一事实,牵涉到性行为,是(逻辑意义上的)一个偶然(an accident)。②

我在这里并不是要为我的看法申辩。我所要的是,新道德和法律里的道德二者单挑。不要惊慌,我的作家同行。你那一方基本胜局已定。

【§10—2. 两个流行论调。P106—107】

在此期间,形势最不令人满意。在很多讨论后面,甚至在法律之最新修订后面,依然盘旋着两个命题。在我看来,

---

① 霍布斯之自然法第三则:"that men perform their covenants"。
② 偶然(accident),在逻辑学里,是一种典型的非形式谬误(informal fallacy)。中文也译为"以全赅偏"。这一谬误是说,虽然我们必然依赖概括陈述,但是,即便概括陈述没错,我们也必须注意不要把它机械地用于特殊事例。"当我们把一个概括用于个别事物中而该事例并不适于这种运用时,我们就犯了偶然谬误。反之,当我们无心或故意地把对一个特殊事例为真的东西直接看做对大量事例为真,我们就犯了逆偶然谬误。"见[美]欧文·M·柯匹、卡尔·科恩:《逻辑学导论》(第11版),张建军 等译,北京:中国人民大学出版社,2007,第185页。

这两个命题比新道德更难于接受：

1. 假如一本书是真正的"文学"，就不可能伤风败俗。然而，这既无证据支持，也无证据反对。没有人可以预测什么会挑逗青春少年，正如无人可以预测什么会吓到儿童。关于二者，我倒是听到最不大可能的结果。这是针对查禁某些书籍的一种老套反驳。但是，对于容忍这些书籍的吁求，它也同样构成反驳。

2. 假如一本书是伟大的"艺术作品"，那么它是否伤风败俗无关紧要，因为艺术比行为更关紧要。换言之，艺术比生活更关紧要。评注生活、反映生活，比生活本身更紧要。这听起来很像胡话。

【§13—9. 查泰莱夫人案不值得自豪。P107—108】

不管怎样，我们不再需要查泰莱夫人案。① 既然（出奇野蛮的）胜利欢呼已经止息，最好提醒一下，这并不是一桩值得自豪之事。我并不是说，因为其裁决。我想，如何裁决，无论对于我们的文学还是对于我们的道德，都无足轻

---

① 【原注】企鹅图书 1960 年出版 D. H. 劳伦斯的《查泰莱夫人的情人》，是"雷吉纳与企鹅图书"（*Regina v. Penguin Books*）一案的主题，此案于 1960 年 10 月 20 日至 12 月 2 日在老贝利街中央刑事法庭进行审理。此案结果是企鹅图书无罪。1961 年，法庭笔录以 *The Trial of Lady Chatterley* 为题由企鹅图书出版，编者是 C. H. Rolph。

重。是案件审理(the conduct of the case),让我沉不住气。

真正分歧究竟何在？法官告诉陪审团:"我们坐在这里不是审判趣味(taste)"(拉尔夫先生记录,页27)。后来辩护律师又告诉陪审团,他们"并不关心个人良好趣味问题"(页35)。然而事实上,几乎所有证人都在不厌其烦地考察这本书的文学优点。假如你不把文学优点看作趣味问题,请问你如何界定趣味？

需要强调的是,这些证人号称"专家"。隐含的意思是,文学里的"专家"(experts)一词,用法和工程专家或医药专家一样。

我并不是说,在文学领域,一些人的意见和另一些人的一样好。毫无疑问,应当带着极大尊重去听从成熟批评家的评判。关键是,它们是评判(judgements),而不是事实陈述(statements about matters of fact)。它们是完全可逆的(reversible)。①

---

① judgement,通译为"判断",拙译之所以译为"评判",是为了凸显其与statements about matters of fact之不同。二者之不同就在于,前者可逆,后者不可逆。所谓可逆,即我此时认为A比B好,过些时间我则可能会说B比A好。所谓不可逆,即假如A比B大为真,那么,A比B小就不可能为真。

在汉语逻辑学论著里,判断与陈述与命题,基本上是可以互换的概念。故而将judgement妄译为"评判",是为避免不必要之联想。

任何熟悉文学史的人都知道，几乎所有众口一声的批评意见，都有可能最终昙花一现。想想，司各特①和班扬②曾被置于何地。我更希望得到一些保证，在陪审团的脑瓜子里，能清晰区分文学"专家"与通常所谓的专家证人。

伍威治的主教，作为关于善恶本性的专家出庭作证。③就我所知，他的智慧及圣洁（sanctity），都可能使他具备充当此一先知角色之资质。但是，法庭上表现出来的资质，是

---

① 司各特（Sir Walter Scott，1771—1832），苏格兰小说家、诗人、历史学家、传记作者，常被认为是历史小说的首创者和最伟大的实践者。《不列颠百科全书》这样评价他：

他既是 18 世纪苏格兰头脑冷静的知识分子，又是浪漫主义运动的先驱；既是保守派，又颂扬乞丐、流浪汉和疯子；既是个理性主义者，又被迷信、预兆和预言弄得神魂颠倒；既是个十分成功的作家，赚得巨额收入，又破了产，以穷困结束一生。司各特作为小说家的最大成就和对历史研究的最大贡献，可能是他关于不同文化相互冲突的观点。18 世纪英国作家倾向于认为人性到处一样，文明都来源于古希腊和古罗马，非此即是野蛮。司各特则在他的小说中表明世界上存在着多种文化。（第 15 卷 148 页）

② 约翰·班扬（John Bunyan，又译约翰·本仁，1628—1688），著名属灵著作《天路历程》（*The Pilgrim's Progress*）之作者。路易斯归信之后，效仿此书写就《天路归程》（*The Pilgrim's Regress*）一书。

③ 【原注】伍威治的主教（the Bishop of Woolwich）当时是罗宾逊（Rt Rev. J. A. T. Robinson）。主教罗宾逊就《查泰莱夫人的情人》中的通奸"性行为"说："我认为劳伦斯事实上想藉描绘此关系，描绘某种神圣的东西，描绘某种圣洁的交流活动。"见 *The Trial of Lady Chatterley*，第 71 页。

他读过伦理学。

我和其他很多人都读过伦理学。我并不认为,这一学科能使我们比其他人更有资质去说,何为神圣何为不神圣。把一个证人以专家身份推举出来,去告知陪审团什么是对什么是错,其实就是给陪审制度釜底抽薪。这一制度的预设就是,这十二位善良诚实的人已经知道对错。

【§20. 放弃道德审查可能为害更少。P108】

目前,放弃所有道德审查,可能为害更小一些。我们已经要么高于它,要么低于它。假如我们放弃了,可能会出现大量淫秽之作。我们不需要读它。风尚可能不会永远持续。粗话(four-letter words)①可能会和椅套一样,很快过时。

---

① four-letters words,是指由四个英语字母构成的几个庸俗下流的词,都与性或粪便有关,是一般忌讳不说的短词,如 cunt, fart, homo。英国曾有法律规定,认定一部书是否淫秽,就是看是否出现这些词。路易斯认为,这一法律极为愚蠢。

译 后 记

一

卡夫卡打过一个经典比方,说"一本书必须是一把能劈开我们心中冰封的大海的斧子"。这里所说的书,当然是好书,或者说是那种我们应当一读再读的书,而不是随便一本印刷品或出版物。

这话出自卡夫卡的书信,《致奥斯卡·波拉克》(1904.1.27)。更长一点的引文,足以显示这一经典比方之残酷:

> 我认为,只应该去读那些咬人的和刺人的书。如

果我们读一本书,它不能在我们脑门上猛击一掌,使我们惊醒,那我们为什么要读它呢?或者像你信中所说的,读了能使我们愉快?上帝,没有书,我们也未必不幸福,而那种使我们愉快的书必要时我们自己都能写出来。我们需要的书是那种对我们产生的效果有如遭到一种不幸,这种不幸要能使我们非常痛苦,就像一个我们爱他胜过爱自己的人的死亡一样,就像我们被驱赶到了大森林里,远离所有人一样,就像一种自杀一样,一本书必须是一把能劈开我们心中冰封的大海的斧子。我是这么认为的。①

卡夫卡提出的问题是,假如一本书令我们自惭形秽,给我们迎头一棒,还要不要读?假如我们总看"那种使我们愉快的书",读与不读对于我之为我,又有何干?用C.S.路易斯的话来说,假如"走到天涯海角,我发现的依然只是我自己"②,那

---

① 《卡夫卡全集·第七卷》,叶廷芳主编,石家庄:河北教育出版社,1996,第25页。

② [英]路易斯:《文艺评论的实验》,徐文晓译,上海:华东师范大学出版社,2008,第27页。

我又何必走遍天涯海角呢?

事实上,真正的阅读,给我们带来的往往是冲击,而不是抚慰;是自我否定,而不是自我肯定。关于好书,比较温和的说法,见诸约翰·罗斯金(John Ruskin)笔下:

> 我们会很轻易地说:"这本书太好了!书里的想法和我的一模一样!"但正确的感受应该是:"这本书太奇怪了!我以前从来没有这样想过,但我明白这种想法是对的;或者虽然现在不明白,但我希望将来有一天能明白。"①

"书里的想法和我的一模一样"的书,就是卡夫卡所说的"那种使我们愉快的书"。而那种"我以前从来没有这样想过"的书,则往往难解甚至枯燥。这种书,也许正是我们需要读的,假如我们觉得有必要走出自己,假如我们觉得读书可以帮助我们走出自己的话:"如果写书的人并不比你有智慧,那就不要读他的书;如果他比你有智慧,他会在很多方面跟

---

① [英]罗斯金:《芝麻与百合:英汉对照》,外语教学与研究出版社,2010,第17页。

你的想法不一样。"①

路易斯的书对于译者,即便未能充当"一把能劈开我们心中冰封的大海的斧子",也至少应列入"我以前从来没有这样想过"之列。因为前者,依赖于我的造化,依赖于我如何读;而后者则是客观事实,依赖于路易斯说什么。

发心去译《切今之事》,原因之一就是,"我以前从来没有这样想过"。

二

《切今之事》是一个文集,收录了路易斯的 19 篇文章。编者沃尔特·胡珀(Walter Hooper)介绍说:"这些文章除两篇外,都写给报刊。的确,这些文章给我们提供了关于报人(Journalist)路易斯的全息图像。"(本书导言第 3 段)这一图像之所以重要,是因为路易斯终生鄙视报纸,当然更是看不起看了报纸就迎风流泪或随风起舞的知识人。他有个让人很不舒服的观点,尤其是现代知识人:

---

① [英]罗斯金:《芝麻与百合:英汉对照》,外语教学与研究出版社,2010,第 17 页。

唯一真正会上自己所钟爱的报纸的当的,是知识人(*intelligentsia*)。正是他们,在读头条文章;穷人都在读体育新闻,报纸里体育新闻最真实。(《大兵贝茨》第9段)

同样意思的话,也出现在他的《黑暗之劫》中。只不过让人更不舒服。路易斯借黑暗势力警察头目之口说:"你这个傻瓜,正是受过教育的读者才会被欺骗。不好骗的都是别人。你什么时候看见过有相信报纸的工人?工人都毫不犹豫地相信报纸都是宣传,从来不看头版。他买报纸是为了看足球比赛的比分,以及姑娘摔出窗外,梅费尔的公寓发现尸体这类花边新闻。这样的工人们才让我们头疼。我们不得不调教他。但是受过教育的智识公众,那些读精英周刊的人,却不需要调教。他们已经调教好了,会相信一切事情。"①

不知道诸君读到这样的话,是否有似曾相识之感。我则着实没有。非但觉得陌生,而且可能还被刺伤。

---

① [英]C. S. 刘易斯:《黑暗之劫》,杜冬冬译,南京:译林出版社,2011,第96页。

编者沃尔特·胡珀说,路易斯令人钦羡地适合报人这一职位,"因为,他有惊人的天分,把那些不得不说之事说得简洁明快"(本书导言第3段)。我当然没有这个天分。然而,作为尚还忧国忧民的曾经的进步青年,即便早已不是青年,总会习惯性地以站在青年一边自诩"进步",以关心时政自诩"与时俱进"。所以,即便知道某些报纸或网络,颇多谣言颇多噱头颇多机诈,但还是免不了认同这一流行语:"一个人必须跟上时代,必须知道人们在说些什么"(《要是没了自命清高》第11段),甚至以此为基本义务。

路易斯的问题是,假如某一个报人或某份报纸撒谎成性,我们还要不要保持一份"清高"。在汉语世界,一如在英语世界,清高早已成为贬义词。很多人都怕被人嘲笑为自命清高。然而路易斯则说:"无视一项恶,一般而论,可能危险。但是,假如一项恶因无视而消失,那么无视恶就没危险。"(《要是没了自命清高》第11段)

路易斯要我们时不时去自命清高一下,假如我们判定某人某事为恶并没有错的话。藉了解恶为名,有可能就会变为理解恶原谅恶甚至支持恶。

三

第一次知道《切今之事》一书,缘于偶尔在网上看到《论平等》一文,一开始就被震撼:

> 我之所以是民主派(democrat),因为我相信人之堕落(the Fall of Man)。我认为,绝大多数人之所以是民主派,乃出于相反理由。绝大部分民主热情来自卢梭之辈的看法。他们相信民主,是因为他们认为人类如此明智如此良善(wise and good),故而统御(the government)应有他们的份额。以此为根据捍卫民主,其危险在于,这些理论基础并不对。一旦其弱点暴露,就有喜好专制的人坐收渔翁之利。只需反观自身,我就可以发现它们不对。统御鸡舍,我并无份额,遑论国家。同理,绝大多数人——所有听信广告、用标语思考以及传布流言的人——也无份额。民主之真正理由恰好相反。人类是如此堕落,以至于不能将凌驾于同胞之上的不受约制的权力托付(trusted with)给任何人。

亚里士多德说,一些人更适合于做奴隶。我和他并不矛盾。只是我拒斥奴隶制,因为我看到,没有人适合于做主子。(《论平等》第1段)

吾友杨伯在说本书译序里说,"路易斯是以我绝对陌生的方式谈论现代和现代政治。作为政治学的热心读者,我不曾听到过与之相似的语调",其起因就是这段文字。当初,我把这段文字的英文原文发给他时,他说过与此类似的话。

我们所接受的民主话语,属于路易斯在此文所说的绝大多数。而在路易斯看来,民主制的最大敌人,并非我们耳熟能详的权威或尊卑有等,而是民主主义。路易斯在《魔鬼家书》中说,魔鬼引诱现代人的一个策略就是,让"民主"成为一种口号或口头禅,成为民主主义或民主精神。在路易斯看来,民主溢出政治领域,进入生活的各个领域,后果将是灾难性的。①

故而,他在《论民主教育》中说,民主教育并非民主主义

---

① 详见况志琼、李安琴译《魔鬼家书》(华东师范大学出版社,2010)之附录〈私酷鬼致祝酒辞〉。

的教育,而是能维系民主政治的教育。欲维系民主教育,需要属灵层面的尊卑有等。

真是反动透顶了,假如我们想给路易斯扣个帽子的话。

四

路易斯让我们难以接受的地方多之又多。无论"我们"这一指称何等模糊,也无论我们为何难以接受。

我们习惯以为,关于 D. H. 劳伦斯的《查泰莱夫人的情人》一案,企鹅图书胜诉是个了不起的进步,是一次"解放"。路易斯则说,没那么重要。不过是一桩案子而已。(《文学中的性》)

我们习惯认为,文学中的淫秽是个道德和法律问题。不让写这写那,纯粹是一副卫道士或清教徒面孔,纯粹是假正经。路易斯则问,何不也看作一个文学问题?要是看作一个文学问题,也许我们还离不开那股正经。(《正经与语文》)

我们习惯以为,大学生应当有科研意识。路易斯则说,对于人文学科学生,鼓励他年纪轻轻早出成果多出成果,填

补空白科研创新,无异于把他杀了。(《谈谈牛津剑桥》)

我们习惯追问,"在核弹时代我们如何生存"?因为核弹足以一次性毁灭人类文明。路易斯则说,文明是大事,但还有比文明更大的事。即便我们及我们的文明注定要被核弹炸掉,我们是否可以从容一些,死得有尊严一些?(《生活在核弹时代》)

我们只要受过几天教育,就很喜欢谈东说西,热衷于中西文化之争。路易斯则说,跟古今之别相比,中西差异可以忽略不计,假如你读点古书的话。(《现代人及其思想范畴》)

我们总以为,世界只有一个,就是我们处身其中的这个世界,现代科学已经证明了这一点。路易斯则提醒说,魔衣柜的后背,可以只是一块隔板,也可以是一扇通往纳尼亚的门。也许生活中真正美好的东西,恰好是你求则得之舍则失之。(《快乐哲学》)

我们无论如何都认为,挂在驴子鼻前的那根红萝卜,说什么都是个骗局。然而路易斯则说,的确是个骗局,但那个骗局说不定对驴子自有意义。假如驴子也像人一样的话。(《自行车对话录》)

五

路易斯之所以让我们难以接受,也许是因为他是个怪人。

一点没错。路易斯不但是个怪人,而且自诩是个怪物。他曾自比"恐龙"。

他在剑桥大学的就职演说《论时代的分期》中说,虽然人们不愿意听旧石器时代的人来做关于旧石器时代的讲座,恰如不愿意听恐龙讲恐龙,但是,道理往往没有如此简单:

> 假如现在有一只活的恐龙伸长了身体慢吞吞地爬进实验室来,我们大家在逃走的时候是不是都会掉过头去瞧一瞧它呢?多么好的机会啊!我们终于可以看见恐龙是怎样爬动的,可以看见它是个什么样儿,它有什么气味,它能够发出什么声音了![1]

我们之所以难以接受他,有时候可能和研究恐龙的科学家

---

[1] [英]C. S. 刘易斯:《论时代的分期》,文美惠译,载《二十世纪文学评论》下册,戴维·洛奇编,上海译文出版社,1993,第159页。

差不多。看见实验室来了一条真恐龙,会吓得掉头就跑。路易斯则奉劝我们别跑。

当然,"恐龙"只是个比方。其寓意是,他是现代世界的一个好古之人。他自称:"我个人对于古代西方的社会制度比当代的制度更熟悉。"①有人曾问路易斯:"由海明威、萨缪尔·贝克特及让-保罗·萨特之类作家所垂范的现代文学趋势,您会如何评价?"路易斯回答说:

> 在这一领域,我所读甚少。我并非一个当代学者(a contemporary scholar)。我甚至不是一个研究往古的学者(a scholar of the past),我是一个爱往古的人(a lover of the past)。②

路易斯研究者 Bruce L. Edwards 指出,路易斯最不应当被人忘记的一点就是,"他对过去的尊重"(his respect for the

---

① [英]C. S. 刘易斯:《论时代的分期》,文美惠译,载《二十世纪文学评论》下册,戴维·洛奇编,上海译文出版社,1993,第159页。
② C. S. Lewis, *God in the Dock: Essays on Theology and Ethics*, Walter Hooper, ed. (Grand Rapids: Eerdmans, 1970), p. 264.

past)。① 也许正是他对过去的那种尊重,才使得我们有时候对他难以接受。

六

路易斯在《文艺评论的实验》一书中,曾这样区分好书坏书:"好的文学容许(permits)、约请(invites)甚至强迫(compel)好的阅读;坏的文学,则容许、约请甚至强迫坏的阅读。"②

关于"好的阅读",路易斯爱拿与人交往作比方。我们跟人初次交往,先把他或她预想成好人。准此,好人就是比你预想的还好或至少一样好的人,坏人则是跟你的预想相反的人。路易斯之所以把这种阅读方式称作"好",是因为他相信这样一个道理:

---

① Bruce L. Edwards, "The Christian Intellectual in the Public Square: C. S. Lewis's Enduring American Reception," in *C. S. Lewis: Life, Works, Legacy*, 4 vols., ed. Bruce L. Edwards (London: Praeger, 2007), 4:3.

② 拙译《文艺评论的实验》第十一章第 1 段,华东师范大学出版社 2015 年即出。

过于"明智"的乡下人,进城之时被反复告诫谨防骗子,在城里并不总是一帆风顺。实际上,拒绝颇为诚恳之善意、错过诸多真正机会、并树立了几个敌人之后,他极有可能碰上一些骗子,恭维他之"精明",结果上当。……真正并深情结交诚实人,比起对任何人之习惯性的不信任,能更好地防范坏蛋。①

网上流传着萧伯纳的一句话:"对说谎者的惩罚,不是没有人再相信他,而是他不再相信任何人。"这可能是对路易斯所谓"坏的阅读"的最佳注脚。

谈路易斯的阅读观或阅读伦理,实质上想说的是,假如我们发觉自己难以接受路易斯,我们最好先检查一下自己的阅读方式,看是不是"好的阅读"。

假如以"好的阅读"方式去读,发现它的确"容许、约请抑或强迫好的阅读",那么它就值得一读再读。

译者作为读者,发现一读再读路易斯之后,再读陀思妥耶夫斯基,前所未有的惊心动魄。

---

① 拙译《文艺评论的实验》第九章第9段,华东师范大学出版社2015年即出。

七

  路易斯曾区分了两种旅行者：一种旅行者到了外地，总觉得饭菜口味欠佳生活习俗离奇古怪；另一种旅行者则尝试从当地居民的眼光看世界，享用他们的饭菜，尝试过他们的生活。前者与后者之别就在于，前者走遍天涯海角，找到的还是自己；后者则因为走出自我，故而旅行过后总有些改变。①

  假如路易斯让我们感到难以接受，甚至难以忍受，我们就尝试做一下路易斯所说的第二类旅行者。也但愿拙译本，能为第二类旅行提供若许方便。

  当然，像路易斯所期望的那样，能越过他再到古代旅行一番，更好。当然，还是第二种旅行，而非第一种。

邓军海

2014 年 7 月 5 日星期六

于津西小镇楼外楼

---

  ①［英］C. S. 路易斯：《中世纪和文艺复兴时期的文学研究》，胡虹译，上海：华东师范大学出版社，2010，第 3—4 页。

答　谢

自2008年翻译过一本书后,曾经下定决心,今生今世不再译书。因为,翻译之劳神费力,两倍于写书。因为写书,不懂的地方,绕过去,读者不知道;译书,绕不过去。还有,翻译现今根本不算所谓"学术成果"。

然而却译了,而且是兴致勃勃地译。这不是出尔反尔,而是感激。为了防止答谢词写得过于煽情,特意用一下公文体。诚挚答谢这些人:

1. C. S. 路易斯。真是难以想象,人到中年之时,还能邂逅C. S. 路易斯。阅读路易斯,我的体验与友人杨伯类似:"路易斯教我用一种全新的目光看我自己。他的世界之外,我是完整的,至少是稳定的。我熟练地走着我的路,努力取悦同路人,清风拂面,还会熏熏然赞叹一下自己这个好人。走进路易斯的世界,还是原来的我,完整、稳定、熟练的一切瞬间凌乱。在那里,问题的核心,不是我在我的眼中如何、我在邻人眼中如何,而是我首先活在上帝眼中。"

2. 杨伯。2013年12月28日,杨伯有些煽情地对我说,他此生最感谢我的就是,我让他认识路易斯。我嫌此评价太低。他反问,这还低啊？古人有言:"独学而无友则孤陋而寡闻。"路易斯,是我们共同阅读的。我下决心翻译路易斯,是他鼓励或勒令的。每译一篇或一章,名为供他分享,实是请他校订。人好些时候,极为脆弱。尤其是在做好事时,往往会失去毅力或勇气,四处给自己寻找借口,还美其名曰理由。

3. 刘辉和刘训练教授。起初只是闷头闷脑翻译。只管生产,不论销路。友人刘辉坐不住了,他要帮我联系出版社。我不配合。他执意。我还是不配合。有一天,他打电话过来说,他已经请我的同事刘训练教授,帮我寻找出版社。那段时间,刘辉家门多故,又适值丧亲之痛。作为故人,我发觉自己连句像样的安慰话都不会说。实在对不住啊,阿辉。

4. 倪为国先生和六点分社。这个世界上有两种书,一种是供你使用,一种是供你接受。读完前者,你依然故我;读完后者,则有可能变化气质。在刘训练教授介绍我认识倪先生之前,我曾经私底下向朋友表示过,感谢倪先生策划出版"路易斯著作系列"。认识之后,倪先生对我这个无名小辈翻译路易斯,除了鼓励,就是感谢,感谢我对他的支持。可是,应是我感谢他才对,感谢倪先生对我的信任与厚爱。这个世界上有两种宝贵,一种是贵重,一种是珍贵。倪先生曾约请我在南开大学爱大会馆前面的小花园里谈谈,那段谈话,是我心中的一段珍贵记忆。

5. 者也读书会的几位小朋友。2012年春,我与朋友杨伯创办"者也读书会",每周六下午与二三十个小朋友一起读书,每学期读一本经典著作。者也读书会第三季,一字一句会读路易斯的《四种爱》。鉴于路易斯之文风,本科生也不觉艰深,故而译稿曾专门约请读书会的普亦欣、王珊珊、乔方瑜把关,指定叶达核对原文校对。

6. 家人。翻译路易斯,最疯狂的那段日子是寒假。我没有回家探望三千里外年逾八旬的母亲,也不再承当任何家务,甚至在春节期间,只给自己放了一天假。终于有一天,孩子有些怯生生地对我说,我已经很长时间没有跟她玩了。

7.陈进波先生。陈先生是我在兰州大学攻读硕士时的导师,一生默默无闻,是地地道道的革命老黄牛。那些年,他含辛茹苦地培养我,手把手教我写文章,以身垂范教我做人。2014年1月8日,是我可敬可爱的陈进波老师辞世三周年祭日。无以为祭,只有翻译,自苦为极的翻译。谨以拙译献给父亲一样的老师:陈进波先生。

图书在版编目(CIP)数据

切今之事 / (英)C.S.路易斯著; 邓军海译注; 叶达校.
--上海: 华东师范大学出版社, 2015.1.
ISBN 978-7-5675-2835-2

Ⅰ.①切… Ⅱ.①路…②邓…③叶… Ⅲ.①时事评论—英国—文集 Ⅳ.①D756.109-53

中国版本图书馆CIP数据核字(2014)第295862号

华东师范大学出版社六点分社
企划人 倪为国

本书著作权、版式和装帧设计受世界版权公约和中华人民共和国著作权法保护

路易斯著作系列
切今之事

著 者	(英)C.S.路易斯
译注者	邓军海
校 者	叶达
责任编辑	倪为国
封面设计	姚荣
出版发行	华东师范大学出版社
社 址	上海市中山北路3663号 邮编 200062
网 址	www.ecnupress.com.cn
电 话	021-60821666 行政传真 021-62572105
客服电话	021-62865537 门市(邮购)电话 021-62869887
地 址	上海市中山北路3663号华东师范大学校内先锋路口
网 店	http://hdsdcbs.tmall.com
印 刷 者	上海中华印刷有限公司
开 本	889×1194 1/32
插 页	4
印 张	7.25
字 数	100千字
版 次	2015年1月第1版
印 次	2023年4月第5次
书 号	ISBN 978-7-5675-2835-2/B·899
定 价	45.00元
出版人	王焰

(如发现本版图书有印订质量问题,请寄回本社客服中心调换或电话021-62865537联系)